par Huguetan,
avocat

K. 1194.
2 C.

7370

VOYAGE D'ITALIE CVRIEVX ET NOVVEAV

ENRICHI DE DEUX listes, l'une de tous les curieux, & de toutes les principales curiositez de Rome, & l'autre de la pluspart des Sçavans, Curieux, & Ouvriers excellens de toute l'Italie à present vivans.

A LYON
Chez THOMAS AMAULRY
ruë Merciere, à la Victoire

M. DC. LXXXI.
AVEC PRIVILEGE DU ROY.

LE LIBRAIRE
AV LECTEVR.

CET Ouvrage a esté fait par Monsieur Huguetan de Lyon fameux Avocat en Parlement, qui avoit esté en Italie & qui avoit pris grand soin de faire des remarques tres singulieres. Quoy qu'il y eût pris beaucoup de peine, neanmoins Monsieur Spon Docteur en Medecine, aggregé au College de Lyon, a bien voulu le rendre plus curieux & plus familier; & l'a augmenté de deux listes, du nom de tous les Sçavans, & curieux d'Italie, dont il a connu une partie, pour obliger le Lecteur, qui ne sçauroit manquer d'y trouver beaucoup de plaisir.

NOUVEAU VOYAGE D'ITALIE.

LE Rhône est d'une grande commodité à ceux qui veulent aller en Italie par la route de Marseille. Ce fut celle que je pris. Je m'embarquay à Lyon, & arrivay le troisiéme jour à *Avignon*, où je ne m'arrestay que pour aller voir le Palais du Vice-Legat, & la Synagogue des Juifs. Je me rendis le lendemain à *Arles*, qui est une belle Ville pleine d'Antiquitez, que je ne suis pas resolu de décrire aprés cent Auteurs. Aux Marests proche d'Arles, Messieurs

A iij

Nouveau voyage

d'Heruard & les autres intereſſez ont fait deſſeicher trente ſix mille bicherées de terre, ce qui leur avoit déja coûté en 1653. douze cent mille livres. Sur les Dignes on avoit ſemé de la Moutarde, qui devoit rendre dix mille livres par an : & les Saules qu'on y a planté 25. mille.

L'on trouve à un quart de lieuë de S. Chamas à ſept lieües d'Arles & huit de Marſeille, le Pont ſur la Touloubre avec deux eſpeces d'Arcs de triomphe, dont l'inſcription porte qu'un certain *Caius Donnius Preſtre de Rome & d'Auguſte l'avoit* fait faire, ou du moins *ordonné par ſon Teſtament*, en ayant recommandé le ſoin *à Caius Donnius Vena & à Caius Attius Rufus* ſes amis, qui me ſont auſſi inconnus que luy-meſme.

J'arrivay à *Marſeille* où fut poſée en 1653. le 25. Octobre, la premiere pierre de la Maiſon de Ville par Meſſieurs les Conſuls. Meſſire Eſtienne du Puget Eveſque de Marſeille la benît & y fit la Priere. Le Port a de longueur d'Orient en

d'Italie.

Occident quinze cent pas, & de largeur du Midy au Septentrion environ trois cent. Le Quay n'a de largeur que dix pas. Pour voir la beauté de la Ville & du Port, il faut monter au haut de Nostre-Dame de la Garde. On découvre de là les Isles Pomegues éloignées de la Ville de deux lieües, quoy qu'elles ne paroissent qu'à demy lieuë. Il y en a trois, *Chasteau d'If, Ratonneau & S. Iean.* Le Grand Duc de Florence s'en estoit saisi durant la Ligue, & les rendit genereusement au Roy Henry le Grand, par l'addresse & entremise de Monsieur le Cardinal d'Ossat.

L'on voit dans les Carmes de Marseille le Cenotaphe ou tombeau vuide du sieur de Valbelle, que le Peuple nommoit le Prince Valbelle. Il estoit Capitaine d'une Galere & fut tué, aprés avoir receu douze playes, au grand Combat Naval devant Genes, où le Duc de Richelieu fit battre les Galeres d'Espagne. Sur la Coste de Marseille il y a des Daufins ou Marsoüins qui pesent

A iiij

jusqu'à douze cent livres. Il y en a d'une sorte qui ne pesent que deux cent. Ils incommodent fort les Pescheurs, car ils rompent les filets, devorent une partie des poissons qu'ils y trouvent, & en font sauver l'autre. C'est pourquoy ils sont appellez Roys de la Mer, car le pouvoir qu'ils ont de perdre les uns & sauver les autres est une marque de Royauté. Les Mariniers Provençaux appellent le Daufin, *le Turc des Pescadours.* Il saute & voltige & s'élance mesme hors de l'eau fort legerement. Les Soles de Provence se peschent aux Martegues. On en prend quantité quand il fait la bize: en d'autres temps il y en a disette.

Nous nous embarquâmes sur une Barque qui ne quitta gueres la terre de veuë. Le Roy entretient un Fauconnier au roc de Cassis, où il y a des bonnes Aires de Faucons. A une lieuë de là est la Ciotad celebre par son bon muscat, qui se vend sur les lieux mesmes 25. à 30. sols la bouteille: celuy de Canarie est pourtant meilleur.

d'Italie

Comme nous tâchions de nous desennuyer lorsque nous n'avions rien à voir pendant nostre Navigation, nous nous informions les uns les autres de ce que nous ne sçavions pas. Il y en eut un qui avoit frequenté l'Espagne qui nous dit que les Espagnols faisoient à la Sainte Vierge cette orgueilleuse Priere : *Virgen sanctissima, no se pierde mi Anima, que fue causa de tanta gloria vuestra : que si yo non fuera peccador, no fuerades vos Madre de Dios.* Sainte Vierge, ne laissez pas perdre mon Ame qui est cause de toute vostre gloire : car si je n'avois pas esté un Pecheur, vous ne seriez pas Mere de Dieu.

Un autre qui avoit assez voyagé sur la Mediterranée, nous parla du fameux Chymiste Raymond Lulle qui avoit esté lapidé en Afrique, & dont on reveroit le corps dans sa Patrie de Majorque, par une ancienne devotion du Peuple, que le Saint Siege permettoit plutost par tolerance, que par une expresse canonisation. Et ils disent que ce

A v

bon homme pleuroit en s'endormant, pour la crainte qu'il avoit d'oublier son Dieu dans le sommeil, ne pouvant alors penser à luy.

MONACO.

Monaco, dit l'Italien, *non è ch' un steril scoglio, ma racoglie pan, vino & olio*: & en effet quoy que Mourgues ne soit qu'un rocher sterile, il ne laisse pas d'avoir abondance de tout: parce que ceux qui l'habitent vont écumant la Mer, & picorant sur ceux qui passent, ou que le mauvais temps jette sur leurs Costes, & oblige d'entrer dans leur Port.

SAN REMO.

San Remo est une Ville des Genois bâtie en triangle fort agreable, sur la croupe d'une montagne au bord de la Mer. C'est un triangle Isoscele. Une Eglise qui est tout au plus haut en fait la pointe; en suite les bâtimens viennent peu à peu s'élargissant en bas. C'est delà qu'on apporte les beaux citrons à Marseille.

GENES.

Genes est longue & estroite en bâtimens: parce qu'elle est pressée entre la Mer & la montagne. La nouvelle enceinte de murailles & Fortifications, qui fut faite après la guerre de Monsieur le Connestable de l'Ediguieres contient trois heures de chemin à pied, & embrasse toute la partie de la montagne qui peut commander à la ville.

La pluspart des ruës sont étroites faute de place: mais la *Strada nuova* est fort large, & enrichie de Palais de marbre en grand nombre, dont le plus beau est celuy de la branche cadette des d'Auria. Les Jesuites ont fait bâtir dans cette ruë une belle Maison avec une Eglise somptueuse. On void dans Genes quantité de beaux Palais de marbre plus magnifiques qu'en aucun lieu d'Italie. Rome en a plus grand nombre, parce qu'elle est incomparablement plus grande: mais il y en a peu qui soient entierement de marbre, comme sont presque tous ceux de Genes.

Neantmoins la vieille & belle Maison des d'Auria chefs de la Famille n'est que de pierre de taille commune.

Cette maison qui est hors de la ville me fit ressouvenir de la vertu & generosité du vieux André d'Auria, qui en plusieurs occasions s'estant pû rendre maistre & Prince souverain de sa Patrie, se contenta d'y vivre & d'y mourir simple Citoyen. Et pour ne pas donner de la jalousie à ses compatriotes, il voulut faire sa residence en cette Maison de plaisance nullement fortifiée, enfermée dans le Port proche des murailles à la mercy du canon de la ville & de la Forteresse de la Lanterne. Cette bonté & sincerité pensa luy coûter la vie lors de la conjuration de Jean Loüis Fiesque Comte de Lavagne, & depuis encore en celle de Jules Cibo. La pieté de ce grand homme envers sa Patrie, qu'il consideroit comme une seconde Mere, fut recompensée de Dieu d'une tres longue vie; car il vécut quatre-vingt & quatorze ans. Il avoit esté General des Galeres de France, sous nostre Roy François Premier, qui sur le rapport de quelques Courtisans envieux le traita moins favorablement qu'à l'accoûtumée, ce qui dégoûta ce grand homme & luy fit abandonner nostre party. Au dehors de ladite Maison de Plaisance est écrite en grosses lettres contre le mur, une longue Inscription qui commence : *Andreas Auria Clementis VII. Pontif. Max. & Caroli V. fortissimi invictissimique Imperatoris tertiò rei maritimæ Præfectus.* Ma memoire se peut tromper au nombre de *tertiò*, qui est peut-estre un II. Mais quoy qu'il en soit, il paroist qu'il ne daignoit pas faire mention de l'Employ de France, de la privation duquel il avoit du ressentiment.

Je vis l'Eglise *S. Laurent* Cathedrale de Genes, où est le Bassin d'Emeraude. Je vis aussi *l'Anonciade* qu'on a demeuré tant d'années à bâtir si magnifiquement, aux dépens des Lomellini qui sont Seigneurs de l'Isle de Tabarque en la Coste de Barbarie. Je vis aussi *le Palais de Sauli*, à l'un des bouts de Genes, en lieu élevé, avec la belle Eglise que font bastir tout auprés, les *Theatins*, & toutes les autres belles Eglises, qui sont un des principaux ornemens de la ville, & le *Palais du Duc* ou de la Seigneurie, où sont des armes pour équiper quarante mille hommes.

Le *Havre* de Genes n'est pas seur, & quelque fois la tempeste y fait perir des Vaisseaux à l'Anchre. C'est pourquoy, ils ont fait un autre petit Port ou reduit d'eau, clos de muraille qu'ils nomment *Darse*, pour mettre à couvert leurs Galeres, & les Vaisseaux les plus favorisez, ou qui payent le plus. Leurs Galeres sont presque toûjours en voyage, gagnant l'entretien des Forçats à voiturer des Soyes & autres bonnes Marchandises. Dans la Doüane il y a divers Ecriteaux pour avertir les Marchands & menacer les Doüanistes concussionaires. Ces Doüanistes y sont à craindre. On visite toutes les hardes exactement.

Il est dangereux de porter en entrant dans la ville pour cinq sols de monnoye qui n'ait pas cours, & d'avoir un coûteau pointu. Il ne faut pas manquer d'en rompre la pointe, si on ne veut s'exposer à quelques visites de Sbirres. Si l'on a des armes à feu, on les porte au Palais de la Seigneurie, jusqu'au départ, & il en coûte deux testons: ce qui se fait en plusieurs endroits d'Italie, de sorte qu'aprés le voyage d'Italie achevé, on se trouvera quelquefois avoir payé deux ou trois fois la valeur de ses pistolets.

Un habitant de Genes n'oseroit manger en une hostellerie, ni se promener de nuit par la ville avec un Estranger. Il n'y a peut estre pas de lieu en Italie, où il fasse si cher vivre. Les imposts & la sterilité du Pays en sont cause. Les Hostes sont obligez d'acheter le vin dans les caves de la Seigneurie. Les confitures seches y sont à meilleur marché qu'en France : principalement l'écorce de citron confite qui ne s'y vend qu'un quart de piastre la livre de douze onces.

Les Genois sont aussi superbes en leurs maisons de campagne, qu'en celles de la ville. Le Bourg de San Pietro d'Arena est l'un des plus magnifiques du monde : aussi ce Peuple est le plus rude & le plus haut à la main, qu'aucun autre que j'aye vû. Leurs rochers, leur Mer & leurs richesses en sont cause.

On demande pourquoy dans Genes il n'habite point de Juifs? C'est parce qu'eux mesme sont de veritables Juifs en fait de negoce, & les autres n'y trouveroient rien à gagner. *Genovese*, dit l'Italien, *moro battesatto*. Ils disent pourtant que les Catalans leur feroient leçon sur ce Chapitre.

Les Genois portent des bas de soye noirs qui sont tres legers & clairs comme crespe : de sorte que la blancheur du bas de toile paroist entierement à travers. Ils vont la plufpart vestus de drap noir frizé à l'Espagnole, avec de longs manteaux de mesme. Les gens de mestier & plusieurs autres aussi n'ont point de colet de pourpoint, à cause des grandes chaleurs qu'il y fait.

Allant de Genes à Livourne, pour éviter les Corsaires, il faut prendre une Felouque qui rame terre à terre; & la quitter à Lericé, qui est à my chemin: où l'on trouve des chevaux de poste & des relais. Il n'y a que demy lieüe de mauvais chemin en montant, & puis on rencontre une belle plaine.

Quelques Autheurs croyent que le Château de Lericé est au mesme endroit où estoit autrefois la celebre ville de *Luna*. Mais outre que je trouve la place trop étroite & trop contrainte pour une grande ville, il me souvient que mon Postillon me monstroit à trois lieües de Lericé entre Sarzana & Massa, des Mazures à main droite, qu'il me disoit avoir esté la ville de Luna. D'autres veulent que Luna fust où est aujourd'huy la Spezzia, ce qui n'est pas si vray semblable. Quoy qu'il en soit, *Luna & Portus Lunæ* estoient un peu éloignez l'un de l'autre. Il est question de sçavoir s'ils estoient deçà ou delà la riviere Magra. Ils estoient sans doute au delà, car Martial met Luna dans la Toscane, dans une Epigramme qu'il a fait sur les grands fromages de ce pays-là.

*Caseus Etrusca signatus imagine Lunæ
Præstabit pueris prandia mille tuis.*

Allant de Sarzana à Massa on laisse à demy lieüe sur la main gauche, la ville de Carrara où l'on taille le plus beau marbre blanc de toute l'Italie. Et de fait tout ce quartier de l'Apennin est de pur marbre, qui paroit de loin grisatre. Il estoit celebre chez les Anciens sous le nom de *Marmor Lunense*.

MASSA.

Massa est situéé dans un tres bel aspect principalement le Chasteau, qui regarde la Mer, la montagne & la belle plaine voisine. Le Prince de Massa a perdu depuis quelques années à la Cour Imperiale le droit de faire battre monnoye.

Quand on a passé *Pietra-Santa*, Villette & Forteresse du Grand Duc de Toscane, on commence à trouver par les chemins des Sbirres ou Sergens & Archers de Prevost, armez d'arquebuze, qui ont ordinairement si mauvaise mine qu'on les prend quelquefois pour des voleurs.

VIA REGGIA.

Via Reggia est un Bourg où il y a un petit Port de Mer appartenant à la Republique de Luques, dont il est éloigné de 10 milles. Il y a quelques années qu'il y eut disette de bleds à Luques, ce qui les obligea à faire marché avec des Marchands Hollandois, qui leur en amenerent grande quantité, & le déchargerent au Port de Via Reggia.

LUQUES.

C'est une ville d'une lieüe de tour, qui se maintient en Republique souveraine. Elle est bâtie dans une plaine fertile voisine de plusieurs montagnes. Elle est fortifiée de beaux Bastions revestus de brique, garnis de petite artillerie : mais il n'y a point au dehors de Contrescarpe fortifiée, de Ravelins, ny d'Ouvrage à corne.

Quand il arrive un estranger, on luy demande fort civilement s'il a des armes à feu, ou quelque poignard, afin de les laisser à la Porte jusqu'à son départ : mais on luy laisse l'épée. Le Peuple est fort civil, & les Citoyens paroissent fort curieux de nouvelles, si bien que pour en apprendre ou pour en debiter, on en rencontre souvent par les ruës, faisans de petits cercles de huit à dix personnes. Ils ne laissent pas d'estre fort attachez à leur negoce, & il y en a peu de faineants. On voit aux coins des principales ruës des marques peintes pour la distinction des Quartiers de la ville, comme un Soleil, une rouë ou quelque autre chose : à quoy est ajoûté le nom du Bastion où chaque quartier se doit aller rendre en cas d'alarme. Le *Palais* de la Seigneurie est grand & beau. On nomme de deux en deux mois le grand Gonfalonnier, qui est le chef de la Republique, comme est le Doge à Venise.

Les trois Asseseurs du Podesta pour juger des causes civiles, doivent estre trois Iurisconsultes estrangers, nais pour le moins à 50 milles de Luques. Ils avoient autrefois 300 Italiens qu'ils entretenoient pour la garde du Palais, mais ayant commis des insolences & des vols dans les lieux circonvoisins, ils firent venir en leur place 300 Suisses: à present les Portes de la ville sont gardées par les Bourgeois.

La ville de Geneve a diverses coûtumes & façons de faire, tant en public que dans le particulier, qui approchent de celles de Luques. Ils ont insensiblement contracté cela de plusieurs familles Luquoises, qui se retirerent à Geneve, à cause de la Religion, il y a une centaine d'années. I'y vis sur le Frontispice d'une Eglise cette Inscription d'un de la famille des Turretins, qui est des plus puissantes de Geneve, & une des Nobles qui est sortie de Luques. DEO OPT. MAX. ET IOANNI BAPTISTÆ &c. CÆSAR TVRRETINVS PRIOR DICAVIT.

J'allay saluer Monsieur le Podesta Malvaggi, & ayant discouru avec luy de diverses choses, je luy demanday quelques particularitez touchant le fameux Bernardin Ochin du siecle passé. *Quoy, Monsieur, me dit-il, vous me demandez des nouvelles de ce grand Capucin qui devint Apostat pour prendre une femme.* Il ne faut pas dire, luy repliquay-je, *pour prendre une femme, mais pour prendre plusieurs femmes, car on dit qu'il fut chassé de Geneve pour y avoir voulu introduire la Polygamie.* Je ne sçay si c'est une Charité qu'on luy preste; mais à dire le vray dans tous les Ouvrages que j'ay lû d'Ochin, je n'ay rien vû d'approchant à cette erreur, ny qui sentit le libertinage.

Les Olives de ce pays sont petites & bien plus delicates que les grosses de Verone. Les voyageurs sont curieux de voir à Luques le Volto Santo, la Loge des Marchands, le Saint Crucifix, & la peinture du Picenion.

PISTOYE.

Pistoye est une grande ville fort deserte sujette du Grand Duc. Elle est éloignée de 20 milles de Luques & autant de Florence. Son terroir abonde en bled. Le Jurisconsulte Cynus en estoit natif. On y void d'assez grandes maisons habitées par des personnes de condition, & par un Peuple peu laborieux. Les Italiens disent en maniere de Proverbe de cette ville : *Nella Citta Pistoyese, chiare case, oscure chiese* : c'est à dire que dans cette ville de Pistoye, les maisons y sont claires & les Eglises obscures.

Quand les Luquois condamnent aux Galeres, parce qu'ils n'en ont point, ils envoyent le criminel aux Galeres des Genois, & non pas à celles du Grand Duc, bien que celles cy soient plus proches. C'est peut estre un effet de l'amitié qui est entre les Republiques, ou de la defiance qu'ils ont d'un Prince voisin, à qui ils ne veulent pas donner des Soldats ou des Forçats qu'il pourroit un jour employer contre eux.

LIVOURNE.

Livourne a esté refait & embelly par Ferdinand Grand Duc de Toscane, qui estoit auparavant Cardinal, Oncle de nostre Reyne Marie de Medicis. Ce Prince fit écouler les Marests qui rendoient le lieu mal sain, & fortifia la Place contre les courses que les Turcs ou autres ennemis y pourroient faire. C'est pourquoy on luy a érigé devant le Port une belle statuë de bronze, avec quatre Esclaves à ses pieds, qui sont de la main d'un bon Maistre. La Place & les ruës sont belles. L'Eglise principale n'est pas fort considerable. La Citadelle neuve a trois Bastions irreguliers du costé de la ville, mais par dehors elle n'a point d'autres Fortifications que celles de la ville, c'est à dire un grand fossé remply d'eau & de beaux remparts & Contrescarpes.

PISE.

Pise est une belle & agreable ville, mais depeuplée au regard de ce qu'elle a esté autrefois, lors qu'elle estoit en Republique : car les Pisans faisoient alors parler d'eux sur la Mer, & ce furent eux qui delivrerent la Sardaigne de la domination des Sarrasins. Ils en voulurent faire autant à Majorque en l'an 1114. mais leur entreprise échoüa, & ils y perdirent bien du monde. Ils vinrent enterrer leurs morts à Marseille, pour ne pas porter le dueil dans la Patrie. Voicy leur Epitaphe, qui se lit à S. Victor de Marseille, en Vers rimez de ce siecle là.

Verbi incarnati de virgine mille peractis
Annis bis centum bis septem connumeratis,
Vincere Majoricas Christi famulis inimicas
Temptant Pisani Mahometi regna profani.

Marte neci dantur, multi tamen his fociantur
Angelica turba cœlique locantur in urbe:
Terrâ deftructâ redeunt victrice carinâ.
O pia victorum bonitas, defuncta fuorum
Corpora claffe gerunt, Pifamque reducere quærunt:
Sed fimul adductus ne turbet gaudia luctus,
Cafs pro Chrifto tumulo clauduntur in ifto.

L'Arne paffe au milieu de la ville. On fait à Pife quantité de Vaiffeaux qu'on conduit de la Riviere dans la Mer. L'Univerfité y eft celebre & le lieu des Eftudes magnifique. Les Chevaliers de S. Eftienne y ont une belle Eglife & un beau Palais. Le clocher de la Cathedrale panche d'un cofté comme s'il devoit tomber, mais il n'eft pas vray, comme il y en a qui l'affurent, qu'il panche de quelque cofté qu'on le regarde. Là proche eft un beau Cimetiere, qu'ils appellent *Campo Santo*, parce qu'il a esté autrefois parsemé & couvert de terre de Jerusalem, dont retournerent chargées 50 Galeres que les Pisans avoient envoyé au secours de l'Empereur Frideric Barberousse, lors qu'il passa en la Terre Sainte. La chair des corps morts qu'on y enterre se consume jusques aux os en moins de 24. heures. On y void deux belles & amples *Inscriptions Antiques* des honneurs qui y furent rendus à la memoire de Caius & de Lucius petits fils d'Auguste, qui moururent fort jeunes dans leurs premieres campagnes. Pise est appellée dans ces Marbres *Colonia Iulia obsequens Pisana*. Boldonus a cité & expliqué ces deux Inscriptions. On fait voir dehors le tombeau de la Comtesse Matilde. Il y a dans cette ville quantité de Chevaliers de Saint Estienne du Grand Duc, & encore plus de ceux qu'ils appellent Chevaliers du Pape, qui portent la mesme Croix rouge sur le manteau. L'Eglise de S. Jean peut passer pour belle. Il y a dedans un beau Baptistaire & une belle Chaire de Predicateur ornée de statuës.

Il Poggio, Maison de plaisance du Grand Duc laquelle n'est pas fort magnifique, est scituée en un lieu sain & élevé dans un pays de chasse, à dix mille de Florence.

FLORENCE.

Florence grande & illustre ville située presque au milieu de l'Italie est partagée comme Pise par la Riviere d'Arne, dont l'eau a le renom de rendre le teint beau en s'en lavant & en s'y baignant. Aussi les Florentines & les paysanes de la Toscane ont la pluspart le teint fort frais. La temperature du climat y contribuë beaucoup: le pays n'estant point si chaud que beaucoup d'autres d'Italie. Je remarquay neanmoins que les Florentins craignent extremement le froid : car comme j'y passay en hyver, ils se chauffoient fort dans les boutiques, & par la ville se cachoient le nez sous le manteau : mais ils ne portent pas des fourrures comme font les Venitiens.

A confiderer Florence du haut du grand clocher elle paroit entre ronde & ovale, & je la trouve deux fois plus grande que ce qu'il y a de bafty à Lyon. Elle est commandée par trois Forterefses, *la Bafse ou S. Giovanni, & Belvedere* proche le Palais qui font baftionées, & *San Miniato* des Zoccolanti, lieu fort naturellement, mais on y laiffe à peine prefentement un canonnier, fi fort on fe repofe fur la paix & le calme qui regne depuis long-temps dans le pays : quoy qu'eftant autrefois en Republique, il fût perpetuellement troublé des cruelles divifions qui eftoient dans les partis oppofez des Citoyens.

Le Grand Duc y a deux Palais, fçavoir l'ancien de la Republique & le Palais des Pitti, qui eft de là l'Arno. On va de l'un à l'autre par une galerie couverte qui traverfe la riviere. L'ancien eft affis fur la grande Place de la ville. Au milieu de cette Place la ftatuë à cheval de

Cosme, premier Grand Duc, est en bronze. Aux quarrez du pied d'estal sont representées quelques actions remarquables de sa vie. Il y a sous un de ces bas reliefs, *Plenis liberis Senatus Florentini suffragiis Dux Patriæ renuntiatur*. En un autre il est agenoüillé devant le Pape qui luy met sur la teste la Couronne de Grand Duc : *ob zelum religionis præcipuumque justitiæ studium*, c'est à dire, pour avoir bien merité de la Religion & de la justice.

A quelques pas de l'entrée dudit ancien Palais, il y a des grandes & excellentes statues de marbre. Ce Palais est grand & fort élevé : mais il n'y a point de marbre, non plus qu'aux autres beaux lieux de Florence, excepté aux Eglises. Ce qu'il y a de plus beau dans ce Palais, ce sont les deux Galeries & la grande sale des ceremonies, qu'ils appellent *lo Stanzone*, qui a 80 pas communs de longueur & 65 de largeur. Les principales actions de Cosme, Premier Grand Duc, sont peintes en grand sur les murailles.

d'Italie.

Les deux *Galeries* sont garnies de plus de 200 statues de marbre la pluspart antiques. La belle Venus de Medicis, que les Papes n'avoient jamais voulu laisser sortir de Rome, y a esté transportée depuis peu. Le Buste de Ciceron en marbre antique & d'une excellente vivacité y donne de l'air à feu Monsieur Guy Patin, Professeur en Medecine au College Royal de Paris, que j'honorois beaucoup, comme aussi il le meritoit. Je ne pus m'empescher de baiser ce marbre, me sentant touché de tendresse, tant à cause de ce cher amy, que du grand Ciceron.

Il y a parmy ces statues quelques Inscriptions en marbre, que le Cardinal de Medicis a autrefois fait apporter du costé de Tunis : car c'estoit un Seigneur fort amateur de l'antiquité. Des Galeries on passe dans les chambres où l'on fait voir le Thresor du Grand Duc, & des tableaux, & autres curiositez : comme entr'autres un tres bel aimant, une arquebuze d'or massif, des armes prises sur les Turcs par les Galeres de Son Altesse, & mille autres bijoux precieux. On y void des Portraits d'hommes Illustres. Le Roy de Suede Gustave Adolphe n'y est pas oublié: ny le Docte Galileo Galilei tout exilé qu'il fust de Florence. Nostre Reyne Marie de Medicis y est peinte fort belle, aussi bien que la Reyne Catherine.

Je ne pus point voir ny dans les Galeries, ny dans le Cabinet des Armes, ny dans celuy des curiositez, ny mesme dans les Bibliotheques de S. Laurent & du Grand Duc, les *Pandectes Florentines* manuscrites dont on fait grand estat. Le Bibliothecaire de S. Laurent qui est une personne fort civile, m'assura qu'elles devoient estre en quelque Cabinet du Grand Duc, qui estoit alors absent en sa maison du Poggio, & je ne m'en informay pas davantage.

Cette Bibliotheque de Saint Laurens est fort éloignée du Palais de Son Altesse, elle est prés l'Eglise de Saint Laurent. Elle n'est pas grande, mais elle est remplie de manuscrips Grecs, Hebreux, Latins, & Italiens, qui la plufpart ont efté imprimez: mais ne l'avoient pas efté lorfque le magnifique Laurens & le Pape Leon X. les ramafferent de divers endroits de l'Europe. Il y en a pourtant de tres confiderables qui ne l'ont pas efté, comme eft un gros manufcript Grec des Anciens qui ont écrit fur la Chirurgie. Un Traité Grec des fievres d'Aphrodifée. Un Chronicon ab orbe condito de Georgius Monachus, & des Ouvrages de Diodore Sicilien.

C'eft le grand Michel Ange qui a fait la ftructure de cette Bibliotheque, qui en fa petiteffe n'a rien que d'admirable, foit pour l'Architecture foit pour la Menuiferie: ce qui nous fait voir que les grands hommes ne fçavent rien faire de petit. La dépenfe n'y a pourtant pas efté grande, & ce qui a coûté le plus, ç'a efté le veftibule ou antichambre, orné de quantité de petites colomnes de marbre noir d'un ordre fort exquis en maniere de petit Temple: comme fi cét excellent Architecte eut voulu dire, qu'il faut fe preparer & fe

B v

purger par la Priere, avant qu'entrer au Sanctuaire des Muses.

Derriere l'ancienne Eglise Saint Laurent, les Grands Ducs dépuis plusieurs années font bâtir une magnifique Chapelle qui servira de Chœur ou de grand Autel à ladite Eglise. Leurs statues y sont les unes en marbre, les autres en bronze. Toutes les villes de la Toscane Ducale y sont peintes sur du jaspe, dont les veines naturelles font une partie de la representation. On y avoit autrefois pendu en un coin, ce clou renommé qui est moitié de fer, & moitié d'or, par l'attouchement pretendu d'un Alchymiste, qui avoit dit-on la pierre Philosophale : mais on le tient presentement dans une des chambres du Tresor, & à peine le veut on faire voir aux Estrangers, apparemment parce qu'aprés avoir esté examiné diligemment, on n'a pas voulu faire mystere de si peu de chose, n'y en ayant point d'autre que celuy d'avoir adroitement soudé ensemble les deux métaux. Les tombeaux des Anciens Medicis sont encore dans une Chapelle de cette Eglise à main gauche du grand Autel, dont il y en a de la main de Michel Ange.

Contre les trois murailles du grand Autel est une Resurrection en grand volume d'un excellent Peintre. Ce merveilleux Ouvrage diminue par la vieillesse du mur, & mesme tout cela s'abbattra, quand on joindra à l'Eglise cette superbe Chapelle. Il y a aussi dans la Nef à gauche en entrant contre la muraille, un Martyre de S. Laurent, d'une tres bonne main.

Le Dome ou Eglise Cathedrale, qui est *Sancta Maria Florida* ou *de Flore*, est ornée de marbre blanc & noir, & de tableaux fins, avec les statues des douze Apostres de bonne main. Le clocher separé de l'Eglise de quelques pas fort haut & tout revestu de marbre est un Ouvrage magnifique, aussi bien que le beau Baptistaire de S. Jean, qu'on dit avoir esté un Temple de Mars.

Aprés le Dome, le plus grand Vaisseau est celuy de Sainte Croix

B vj

des Freres Mineurs Conventuels, où est ensevely le fameux Michel Ange, avec son buste en marbre accompagné de trois superbes statuës, qui representent les trois Arts, dans lesquels il excelloit, sçavoir la Peinture, la Sculpture, & l'Architecture.

Santa Maria Novella des Dominiquains est une des belles Eglises d'Italie, la façade en est admirable. Michel Ange qui estoit l'Architecte de cette Eglise, l'appelloit son chef d'œuvre & sa Venus.

L'Eglise du *Saint Esprit* a un Chœur de marbre magnifique. Celle de *S. Michel* bastie par le Prince Cardinal Charles de Medicis est fort claire, contre l'ordinaire des Eglises d'Italie. Il faut aussi voir le Cloître de *l'Annonciade*, où les Freres Servites se vantent, comme en divers autres lieux d'Italie, d'avoir le Portrait de la Sainte Vierge fait au naturel de la main de Saint Luc.

Le nouveau Palais du Grand Duc, qui appartenoit autrefois à l'Illustre Famille des *Pitti*, est fort beau, & a servi de modelle à celuy de Luxembourg de Paris: mais il est plus majestueux quoy qu'il soit plus petit. Il est vray que la façade de devant est fort large, car elle a 260 pas communs de largeur: ce qui fait un tres bel effet en abordant de loin ce vaste bâtiment élevé à proportion. L'Architecture est semblable à celle de Luxembourg, mais les pierres en sont taillées d'un beau rustique raboteux, ce qui est bien entendu: au lieu qu'à Luxembourg les pierres y sont polies & ressemblent à des grands fromages de Gruyere posez l'un sur l'autre, ce qui choque les yeux delicats. Les Platfonds des chambres sont peints de la main du fameux Pietro da Cortone.

La Bassecour du Palais de Pitti a 80 pas de long & 65 de large, y comprenant les Portiques de trois costez: ce qui est un ornement considerable, & une commodité pour se promener à couvert; c'est ce qui manque à celuy de Luxembourg. Au fonds de la Baſſecour il y a un petit Viviers, & à quelques pas de là ſont des jardinages très beaux pratiquez dans la colline, où l'on trouve en monticules des unes aux autres de belles Allées embellies de ſtatues & de fontaines. L'eſcalier dudit Palais eſt admiré par les Architectes, en ce que la teſte des marches ne fait pas un noyau, mais ſe ſoûtient dans le mur.

Aprés le Palais de Pitti celuy de Strozzi paroit fort majeſtueux. C'eſt cette Famille des Strozzi qui a un jardin hors la ville, plein d'inſcriptions Antiques. Celuy du Marquis Richardi dans la ville en a auſſi un nombre conſiderable. Les trois plus belles ruës de Florence ſont *Via Larga, Via Maggior, & via de Servi.*

Le Grand Duc fait nourrir ſix grands Lions, qui ſont ſeparez par des chambrettes, & on les void à travers des barreaux de bois. Ils font quelquefois des hurlemens qui épouvantent. On y void auſſi des Tygres & des Leopards.

Le Poëte Dante parlant de la puissance ancienne des Florentins & de leur naturel, en son Enfer chant 26. dit,

Godi Fiorenza: poi che sei si grande
Che per mare e per terra batti l'ali,
Et per l'inferno il tuo nome spandi

Et au chant 16.

La gente nuova, e subiti guadagni
Orgoglio & dismisura han generata
Fiorēza in te: si che tu gia t'en piagni

Mais elle a un peu rabattu de cét orgueil depuis qu'elle est sous la puissance d'un Souverain, qui tient en bride ces Peuples autrefois divisez pendant qu'ils estoient en Republique, par des querelles & des factions immortelles. Aussi depuis ce temps-là, ils sont devenus plus menagers, & ils entendent mieux leur compte que les autres negotians. Je remarquay qu'en comptant de l'argent, ils nomment le nombre en tenant encore la piece. Neantmoins les gens de qualité sont magnifiques dans leurs ameublemens, genereux, polis & civils envers les Estrangers; & mesme trop liberaux de complimens, ne se contentant pas de *mille* prieres ou remercimens, mais les faisant aller par *millions* & *millions de millions*.

L'accent Florentin est fort desagreable, ils prononcent du gosier, & changent le C en H, avec une grande rudesse. Je trouve qu'à Florence & à Genes, le langage du Peuple est plus desagreable & plus difficile à entendre, qu'en aucun autre lieu d'Italie. Le Bolonois est plus badin & a autant de peine à estre entendu, parce qu'il mange la moitié des mots, & se parle fort viste.

Les environs de Florence sont tres beaux. *Fiesoli* qui est l'ancien *Fesulæ* n'a plus qu'une Eglise & quelques ruines. Le *Pratolin*, *la Petraia*, *Poggio*, *Castello* & *Baroncelli*, qui sont des maisons de Plaisance des Grands Ducs, meritent d'estre veus, si l'on sejourne quelque temps à Florence.

SIENNE.

Sienne l'agreable & la polie, où les savetiers & les servantes parlent

d'Italie.

mieux, & ont la prononciation plus douce & plus nette, que n'ont ailleurs les gens de qualité, est bastie sur un costau, dont le valon descendant doucement luy sert comme de fossé, & de Contrescarpe naturelle. Depuis qu'elle perdit sa liberté l'an 1555. aprés le siege que Monsieur de Monluc y soûtint si vigoureusement, il y a peu d'habitans. Elle est neanmoins encore ornée de plusieurs Palais, dont celuy de la Seigneurie tient le premier lieu ; ensuite celuy des Piccolomini basty par le Pape Eneas Sylvius, dit Pie II. qui estoit de cette famille-là. La grande Place est tres belle, & va de tous costez descendant agreablement en forme d'Amphiteatre : en sorte qu'estant remplie de peuple, on pourroit tout compter teste par teste. La Tour de Mangiano est fort haute. La Fontaine qui est sur ladite Place est fort belle, & se nomme la Branda. Dante l'admire dans ses Poësies. Proche de la Place il y a une grande Arcade de l'invention de Baltasar de Sienne grand

Architecte. Elle touche tant soit peu au mur, mais sa masse, & son poids est comme soûtenu de soy-mesme.

L'Eglise Cathedrale est magnifiquement parée, principalement au Chœur, où sont en pieces rapportées de marbre, des Histoires de la Bible, que l'on conserve en les tenant couvertes d'aix. Joignant l'Eglise est la Bibliotheque peinte à fresque partie par Pietro Perugin, maistre de Raphaël, & partie par Raphaël mesme. On fait voir à S. Dominique la teste de Sainte Catherine de Sienne, & la petite chambre où l'on dit que Iesus-Christ l'épousa.

Le Peuple de Sienne a presque toûjours eu de l'affection pour les François: aussi ont ils quelque chose de nostre feu, & de nostre gayeté, que Dante le medisant nomme legereté & vanité: Enf. ch. 29.

Et io dissi al Poëta: hor fu giammai Gente si vana, come la Senese? Certo no la Francesa si d'assai.

RADICOFANI.

Radicofani est la derniere Place du Grand Duc en tirant du costé de de Rome. C'est un grand Chasteau quarré, fortifié, partie à l'antique, partie à la moderne. Il est basty sur un costau qui est escarpé de tout costez, au dessus de l'Apennin. En bas il n'y a que quelques maisons de Paysans & des Hostelleries.

AQUAPENDENTE.

Aquapendente, ville Papale, qui abonde en fontaines à 12 milles de Radicofani, est comme penduë sur un roc, ce qui luy donne son nom. Fabricius d'Aquapendente Chirurgien fort renommé par ses Ouvrages, estoit né dans cette ville. Les logis n'y sont pas les meilleurs de la route.

PERUGIA. PEROUSE.

Perouse en est éloignée d'une bonne journée, mais on la laisse à main gauche. Le Lac de Perouse, nommé autrefois *Lac Thrasymene*, qui a 8 ou 10 milles de largeur, est entre cette ville Aquapendente & Perouse, dont il porte le nom, bien qu'il en soit éloigné de huit milles. On fait voir proche de ce Lac un vieux Chasteau nommé *Ossaia*, à cause des ossemens qui y ont long-temps paru, depuis que l'Armée Romaine conduite par le Consul Caius Flaminius y fut défaite par Annibal, y estant demeuré sur la place 25 mille Romains, outre six mille prisonniers. Cesar Auguste à la prise de Perouse fit égorger 400 Senateurs & Chevaliers Romains au pied de l'Autel dedié à Jules Cesar son Pere adoptif, dont il voulut appaiser les Manes par ce cruel sacrifice. Les Baglioni, desquels est sorty nostre Baron de Jon Lionnois, ont esté Maistres de Perouse. Paul Baglioni se repentit plus d'une fois, de n'avoir pas jetté par les fenestres le Pape Jules II. qui le debusqua.

Allant d'Aquapendente à Viterbe on passe le long du Lac de la ville de *Bolsena*. On l'appelloit *Vulsinius*

d'Italie.

Lacus ou *Tarquiniensis*, parce qu'il estoit du territoire des Tarquins, qui s'estendoit jusques là. Je n'y ay point vû danser les Isles dont parle Pline l. 2 ch. 95.

MONTEFIASCONE.

De Perouse on vient disner à *Montefiascone*, où se boit cét excellent muscat. On nous y fit voir le tombeau de cét Allemand qui y mourut pour en avoir trop bû, son valet, luy allant marquer par avance les lieux où il estoit le meilleur par un *est* simple, redoublé, ou triplé, comme il fit icy : ce qui fit mettre dans l'Epitaphe dont on voit encor quelques Lettres, *propter est, est, est, Dominus meus hîc mortuus est.*

VITERBE.

Le mesme jour on vient coucher à *Viterbe*, où l'on peut voir le Dome qui est assez beau, la Place & la Maison de ville Anne de Viterbe qui passoit au siecle passé pour un homme tres sçavant, y est peint.

S. MARTIN.

Le lendemain matin à quelques milles de Viterbe on trouve le Bourg de S. Martin qu'Innocent X. avoit erigé en Principauté en faveur de la Signora Olympia qui en avoit fait acquisition. Quand j'y passay, il y restoit encore quelques Arcs Triomphaux, que les habitans avoient dressé à ce Pape, qui y passa une partie de l'Automne. On me dit que tout âgé qu'il estoit de 81 ans, il se proménoit cinq ou six heures par jour à pied dans la Forest voisine, & y cueilloit des chataignes dont il mangeoit par bravade, & en envoyoit à plusieurs Cardinaux, pour leur faire voir qu'il n'estoit pas encore prest de leur faire tenir un Conclave.

Les Hostes où nous logeames sur cette route là nous dirent que durant plusieurs semaines, ils avoient logé par bulletins sans payer, grand nombre de gens de la Cour & des Domestiques & Officiers du Pape, qui remettoient le payement à son

d'Italie. 47

retour. L'un d'eux à qui il eſtoit dû deux mille écus, nous raconta que le Saint Pere en paſſant entra dans ſa ſale baſſe, & fit venir tous ſes Domeſtiques, qui s'attendoient à recevoir quelques eſtreines : mais il ſe contenta de leur donner une grande benediction, & remit l'hoſte à recevoir ſon payement à Rome. Il ne manqua pas de s'y rendre quelque temps aprés, & s'eſtant morfondu à ſolliciter ſa debte, il s'en retourna bourſe vuide, mais chargé de nouvelles benedictions. Dieu ſçait s'il ne rendoit point en ſon ame maledictions pour benedictions : neanmoins le bon homme ſe contentoit de nous dire en branlant la teſte : *Queſte benedittioni vagliono forſe all' anima, ma al corpo, poco : e con eſſe non ſi compra pan bianca e pollaſtri.*

Entre Viterbe & Civita-Vecchia, ſont les triſtes Maſures de la ville de *Caſtro*, qui appartenoit au Duc de Parme, & qui fut aſſiegée, priſe & ruinée par le Pape, lequel y a fait dreſſer une Colomne portant defenſe de jamais la rebastir, pour avoir esté rebelle, & avoir massacré un Evesque que le Pape y envoyoit.

A douze milles de Viterbe, sur le grand chemin de Rome, on trouve la Villette de *Capranica*, où l'on void sur l'une des Portes une inscription nouvelle, portant remerciment au Pape d'avoir restably l'ancien grand chemin de Cassius, *ob restitutam viam Cassiam*. On y chemine durant plusieurs lieuës sur un grand chemin pavé beau & large.

On void de loin à main gauche de Capranica parmy des collines, le Bourg de *Caprarola*, où est le magnifique Palais que fit bastir l'illustre & bienfaisant Cardinal Alexandre Farnese, petit fils du Pape Paul troisiéme.

Proche de *Baccano* on void à main droite le Lac de Bracciano, qu'on nommoit anciennement *Lacus Sabatinus*. Les petites villes de Bracciano & Anguillara en sont proches.

BACCANO

BACCANO.

Baccano est un Bourg éloigné de 15. milles de Rome. Depuis quelques années on a degradé une grande Forest, qui rendoit ce passage tres dangereux, & infame pour les voleries frequentes qui s'y commettoient. Les Anciens l'appelloient Sylva Mæsia. Le Proverbe dure encore en Toscane, lors qu'on veut écorcher ou filouter : *Pare che siamo nel bosco di Baccano*. A main droite on laisse la riviere d'Arone appellée autrefois *Larus*, le long de laquelle est la *valle santa* à demy journée de Rome.

Approchant de Rome on void de loin la haute Tour des Batailles, *la torre delle Bataglie*, qui est éloignée de la ville d'une grande heure de chemin.

A cinq ou six milles au tour de Rome, il y a fort peu de villages, à cause que l'air y est tres mal sain, principalement en Esté : & les Laboureurs logent çà & là dans des maisons à demy cachées parmy ces côtaux. Il y a pourtant quantité de maisons de plaisance que les Romains appellent *vigne*, qu'on a basti en des endroits choisis soit pour l'ombrage, soit pour le bon vent : & mesme les plus riches, & sur tout les Prelats, qui plus que nul autre aiment la vie, vont passer l'Esté en des lieux delicieux, à une journée de Rome, comme à Tivoli, Frescati, Albano, & autres petites villes.

Quand on est à demy lieüe de Rome venant de Toscane, on trouve deux chemins, dont celuy de la main gauche conduit à la Porte *del Populo*, & celui de la main droite que je pris, à la Porte nommée *Angelica* proche du Vatican.

ROME.

Entrant à Rome par cette Porte *Angelica*, je traversay d'abord cette grande & belle Place, qui est au devant de l'Eglise de S. Pierre. On y void une belle Fontaine enrichie d'un excellent Bassin, & proche de là le grand Obelisque qu'on appelle l'aiguille de Virgile, ou la Pyramide de Sixte. Puis s'avançant dans le cœur de la ville ; car cecy n'est proprement que le Fauxbourg, on passe le Tybre sur le Pont du Chasteau S. Ange, & on gagne la ruë du Parione, la petite place de Pasquin, & proche de là la grande Place Navone : au delà de laquelle on trouve quantité d'hostelleries & chambres garnies à prix fort raisonnable.

Rome a dans son enceinte bien plus de collines que les sept, dont on parle ordinairement, & qui l'ont fait nommer la ville aux sept Montagnes. Mais c'est que dans ses commencemens elle n'en comptoit que sept, & dans la suite on y en a renfermé d'autres, qui estoient dehors. Aujourd'huy l'enceinte de ses murailles en embrasse dix, sçavoir les sept anciennes, qui sont

1 *Le Capitole* ou comme le Peuple d'à present le nomme *il Campidoglio.*
2 *Le Mont Palatin.*
3 *L'Aventin* nommé *santa Sabina.*
4 *Le Cœlien,* où est *S. Iean de Latran.*

5 L'*Esquilin* où est S. Pierre *ad vincula*.

6. *Le Viminal*, où est S. Laurent in Panisperma.

7. *Le Quirinal* nommé Monte-Cavallo.

Et ces trois autres.

8 *Cœlis Pincius* ou *Hortulorum*, aujourd'huy la *Trinité du Mont*.

9 *Le Vatican*.

10 *Le Ianicule*, où est *S. Pietro Montorio*, *S. Petrus Montis aurei*.

L'on peut ajoûter à ces dix Montagnes le Mons Testaceus qui s'est trouvé fait & élevé insensiblement de pots cassez, dans les siecles passez, marque singuliere de la grandeur de l'ancienne Rome, & de l'abondance de ses habitans, qui faisoient travailler en ce quartier-là prés la Porte d'Ostie, leurs ouvriers en Poterie.

L'enceinte des murailles de Rome, est beaucoup plus grande que la ville & Fauxbourg de Paris : mais la sixiéme partie n'est pas bastie. Dans cette enceinte de Rome il y a quelques années, qu'il y avoit environ 360 tours. Maintenant on en a abbatu quantité, particulierement depuis que le Pape Urbain VIII. fit faire des Bastions à la moderne, depuis le Vatican & la Porte du Bourg, jusques au bord du Tybre qu'on appelle *Ripa*, c'est par où il sort de la ville pour descendre à Ostie : car on appelle *Ripetta* l'endroit par où il entre dans la ville. On comptoit autrefois dans cette enceinte jusqu'à 740 Tours : & outre cela à demy journée de la ville, de tous costez on trouvoit des bastimens & lieux de Plaisance, qu'on pouvoit compter comme des Fauxbourgs de Rome. Quand Charles Duc de Bourbon fut tué à la prise de Rome, il escaladoit la muraille *del Borgo*, & ce fut par un coup de Fauconneau qui fut tiré du Chasteau S. Ange.

Le Capitole qui seul resista aux Gaulois, aprés qu'ils eurent pris Rome, & qui restoit alors comme une forte Citadelle, est maintenant presque ruiné de tous les costez, & l'on y monte facilement & sans defense.

Pour remarquer l'étenduë & la situation de Rome, je montay dés le jour de mon arrivée au haut de la Trinité du Mont, & le lendemain au haut de S. Pierre Montorio, où je me fis indiquer tout ce que je voyois au dessous de moy. Aprés cela je fis en plusieurs fois le tour de la ville, tant le dehors que le dedans, en me promenant. Quelquefois mesme je marchois jusqu'à deux ou trois milles au delà de la ville, lorsque j'y trouvois quelque chose de remarquable, ou que le Livre de la description Italienne de la ville, que j'avois toûjours en main, m'y conduisoit: je me servois tantost d'un Autheur, tantost d'un autre, selon les choses que je voulois apprendre: car les uns décrivent mieux une chose & les autres font des remarques, selon que les matieres leur plaisent. Tout ce que l'on peut dire c'est que le dehors & le dedans de la nouvelle Rome est tres beau, & tout ce qu'il reste de l'ancienne est merveilleux.

Si beaucoup de personnes tres habiles n'avoient déja fait une exa-

&te description de Rome, j'en pourrois faire une ample relation. Je ne raconteray les choses que pour m'en ressouvenir : mais si Dieu me conservoit la santé & la liberté d'esprit, j'écrirois en forme de Dialogues, les entretiens que j'ay eus en Italie, avec quantité de gens de merite, sur les matieres politiques, & sur celles de la Religion, ou sur d'autres plus rejoüissantes. Ce seroit un Ouvrage de deux années à le travailler, & d'autant à le bien perfectionner.

Les choses suivantes valent bien une description particuliere, sçavoir les Aqueducs de l'Empereur Claude, le sepulchre de Metellus appellé Capo di Bove. Celuy de l'Epulon Cestius moitié dedans & moitié dehors la ville, basty en Pyramide & orné dedans de peintures antiques : celuy d'Antinoüs mignon de l'Empereur Hadrien, qui est presentement le Chasteau S. Ange. Les Mazures du Pont Triomphal. Le Temple d'Esculape dans l'Isle Saint Barthelemy. Le Pantheon d'Agrippa, appellé Nostre Dame de la Rotonde. La Colomne Trajane & l'Antonine, qui ont des escaliers par dedans, & qui sont toutes gravées en bas-relief par dehors. On en peut achetter les stampes, de mesme que de toutes les autres antiquitez, & curiositez de Rome, chez le Marchand de tailles douces *alla Pace*. L'Obelisque d'Auguste à la Porte del Populo. Celle de la Place Navone. Celle de Saint Jean de Latran, & celle du Vatican, outre quelques autres petites. La Place Navone qu'on appelloit autrefois *Circus Agonalis*, & la belle Fontaine qui s'y void. Les deux Chevaux de Monte-Cavallo, qui sont un Ouvrage de l'admirable Praxitele. Les statues du Capitole, Iules Cesar, Auguste, Ciceron, Marius, Marc Aurele & les autres. Le pied d'un Colosse. La teste d'un autre. Marforio qu'on croit avoir esté une statue du Tybre, qui servoit à l'ornement de quelque fontaine. Pasquin statue estropiée, postée au coin d'une petite Place, où estoit autrefois la boutique d'un tailleur grand médisant, qui sçavoit toutes les nouvelles, & qui se nommoit maistre Pasquin, dont la statue a herité du nom & de la médisance: car c'est là qu'on attache les nouvelles & les bons mots, qui ont pris delà le nom de Pasquinades. Marforio & Pasquin ont souvent fait de ces Dialogues facetieux, dont les Italiens sont tous remplis, comme estoit celuy-cy du temps de la Signora Olympia. *Marforio. Hé bien vous venez de Rome, vous avez vû le Pape? Pasquin. Pardonnez-moy, il n'en vaut pas la peine, mais j'ay bien vû la Signora Olympia.*

Les Fastes Capitolins, qui sont les noms des Consuls Anciens, & de leurs triomphes, gravez en quatre grandes tables de marbre, qui furent trouvées en 1547. entre le Forum Romanum & sacram viam, lesquelles on a honorablement logées au Capitole, toutes écornées qu'elles sont. Les Colomnes qui restent du Temple de la Paix au pied du Capitole. Le Temple de Faustine. Celuy de Romulus & Remus, presentement dedié à S. Cosme & S. Damien. L'Arc de Triomphe de Constantin rebasty sur celuy de Trajan. L'Arc de Severe. Celuy de Titus, où l'on void gravez les sept Chandeliers d'or & les autres dépoüilles du Temple de Ierusalem. Celuy de l'Empereur Gallien. Le Colisée ou Amphiteatre de Vespasien & Titus & la *meta sudans* qui estoit auprés. Les Bains & la maison de Tite aux *sette sale*. Les restes de ces grandes cloaques, où l'on pouvoit aller en charete presque sous toutes les ruës. Les vestiges de la prodigieuse maison dorée de Neron, qui occupoit une partie des Monts Palatin, Celien, & Esquilin, jusqu'aux jardins de Mecenas, & contenoit Campagne, Montagne, Champs, Vignes, Lacs & Forests. Il y avoit entr'autres un Portique d'un mille de longueur, à trois rangs de Colonnes. Le reste du bastiment ne paroissoit qu'or & pierreries, & enfin les grands morceaux d'Architraves & de Frise qu'on en a découvert au jardin du Prince Colonna qui en estoit, en font concevoir une tres grande idée. Le grand Cirque où se faisoient les courses de Chevaux, estoit tout auprés, & occupoit tout l'espace qui est entre les Monts Palatin & Aventin.

Ajoûtez à cela le Temple de Diane dudit Aventin, qui est aujourd'uy Sainte Sabine. Les Greniers de Domitien. Ceux d'Anicetus. Le *Doliolum* ou *Mons Testaceus*, sous lequel on a fait des grottes ou caves qui tiennent le vin extremement frais, par la transpiration à travers les pots brisez. Le Theatre de Marcellus. Les restes du Septizonium de Severe. Sancta Maria Ægyptiaca, qui estoit autrefois le Temple de la Fortune virile, ou de la pudeur matronale. Le Temple d'Hercules Victor, & tout auprés Sancta Maria in Cosmedin, vulgairement *la schola Greca*, & cette sculpture de terre antique, qu'on appelle *la Bocca della verita*, dont on dit beaucoup de mensonges. Les beaux degrez de marbre blanc de la *scala santa*, qu'on ne monte qu'à genoux.

Les Palais Farnese, Saint Marc, Borghese, Barberin ou Palestrine, Chigi, du Duc Altemps, Medicis, Paluzzi, Colonna, Justiniani, Matthei, Pamphile, Brachesi, Corsini, Maximis, ornez de Peintures, statues & beaux ameublemens.

Les vignes ou maisons de plaisance, tant dehors que dedans la ville, enrichies de mille antiquitez, fontaines & beaux jardinages, comme Villa Matthei, Villa Iustiniani, Vigna Borghese, Ludovisio, Pamphilia, Montalto, & celle de l'Abbé Benedetto.

Pour satisfaire l'esprit vous avez la conversation de tant d'hommes habiles & sçavans, & l'entretien des morts qu'on peut avoir par la lecture de tant d'Epitaphes & Inscriptions, & en fueilletant les Bibliotheques publiques du Vatican, de la Sapience, & celle des Augustins, que l'on ouvre presque toute la semaine.

Admirez finalement en adorant Dieu, les Catacombes de S. Sebastien, où l'on peut marcher plu-

d'Italie. 61

sieurs milles sous terre, il y a à droite & à gauche, les tombes de cent septante quatre mille Martyrs, que les premiers Chrestiens enterrerent en cachette, lors qu'à Rome les Payens persecutoient l'Eglise, pendant les trois cent premieres années du Christianisme.

De trois cent soixante quatre Eglises qu'il y a aujourd'huy dans Rome ou aux environs, & qui sont la pluspart basties sur les Anciens Temples Payens, S. Pierre du Vatican est la plus grande & la plus magnifique. Sa longueur en dedans est de trois cent dix pas communs. Sa largeur est de 112 pas, ce qui se rapporte à la longueur de la grande sale du Palais de Paris. Mesme en un endroit prés une aisle de ladite Eglise de S. Pierre, la largeur est de 222 pas. Il y a trois allées, sçavoir le milieu, la droite & la gauche, & ainsi deux rangs de Pilastres. La voute est aussi fort haute à proportion, & je me souviens, que quelques François gagnerent une gageure qu'ils avoient faite, que les Tours de Noftre Dame de Paris pafferoient fous la voute, en ayant fait venir la mefure. L'allée du milieu à 40 pas de largeur. Les autres deux chacunes 35 pas, & je retranche de celle-cy ce qu'occupe la groffeur des Pilaftres. Le Veftibule ou Porche couvert, qui eft dehors à l'entrée a 135 pas de front & 20 de profondeur. Au devant eft la façade qui a la mefme largeur de 135 pas, & un promenoir qui a de longueur 163 pas jufques aux degrez par lefquels on monte à l'Eglife de la belle & grande place de S. Pierre, qui eftoit autrefois quarrée, & qui eft maintenant renduë ovale, par les belles Colonnades qu'on y a bafties. Il eft à remarquer que cette Eglife contre l'ordinaire de prefque toutes les autres a fon grand Autel du cofté d'Occident ; car on a voulu que les portes & la grande place fuffent du cofté d'Orient, parce que la ville eft de ce cofté là. Autrement elle n'en auroit pas la veuë, & ceux qui viendroient de la ville ne verroient l'Eglise que par derriere.

Le Chœur est orné de quatre Colomnes torses de bronze d'une prodigieuse hauteur : & à la verité tout ce qui est dans cette vaste Eglise y est admirablement bien proportionné, & l'on n'y void rien que de grand. Le Dome ou Cuppola en est une fois aussi haut que la voute, & la pomme de bronze qui paroit d'embas grosse comme la teste, peut contenir quinze personnes.

Il y a dans S. Pierre des Confesseurs en toutes Langues, & chaque Confessional à son écriteau selon sa langue. Il n'y a point de clocher à S. Pierre. Celuy qu'on y avoit fait a esté abbatu, parce qu'il nuisoit au dernier dessein des Architectes, & que sa pesanteur avoit fait ouvrir la voute : & il n'y a que deux petites cloches au dessus de la *Cuppola.* Les Chanoines de cette Eglise y officient Episcopalement, & vont par ville vestus de violet, comme les Prelats.

Quoy que S. Pierre semble devoir estre la Cathedrale & Metropolitaine de Rome, à cause de la primauté que la Religion Catholique Romaine donne à S. Pierre, & qu'on y revére les Tombeaux de S. Pierre & de S. Paul; neantmoins S. Jean de Latran passe pour la premiere, parce qu'anciennement les Papes y ont eu leur premier Siege & habitation. C'est pourquoy vous lisez cét écriteau sur le Portail dudit S. Jean. SANCTA LATERANENSIS ECCLESIA OMNIVM VRBIS ET ORBIS ECCLESIARVM MATER ET CAPVT.

Les Empereurs se faisoient couronner par le Pape à S. Iean de Latran. Le grand Constantin avoit son Palais au Vatican, qu'il donna au Pape Sylvestre, & là se commença l'édifice de l'Eglise S. Pierre, dont neantmoins le grand embellissement n'a esté entrepris que sous Iules II. qui l'an 1507. jetta la premiere pierre de la nouvelle fabrique, fort solemnellement, en presence de 35 Cardinaux. Le grand Michel Ange en donna & conduisit le dessein, aussi bien que du Palais du Vatican tout joignant. Chaque Pape de tems en tems y a fait du depuis quelque chose. On croit la chose de tant d'importance & de dépense, qu'il y a pour cét effet un nombre de Cardinaux établis, qu'on nomme *la Congregatione della fabrica di San Pietro.*

Le Pape Innocent X. a orné les Pilastres de quantité de grosses & hautes Colonnes de porphyre, & tout autour quantité de petits Anges de marbre blanc tout à nud : ce que quelques-uns ont trouvé mauvais : puis que dans la ville à plusieurs statues Grecques qui estoient de mesme on a fait ajoûter des feüilles de vignes de cuivre.

On entre dans la Bibliotheque du Vatican par l'une des grandes Galeries du Palais. On entre d'abord dans une petite salle, où estudient & écrivent les curieux qui y ont affaire. Il y a tous les matins six Scribes entretenus du Pape à deux cens écus par an, pour copier des vieux manuscrits de la Bibliotheque en diverses Langues, les traduire

& les donner au public de temps en temps. On y fait grand feu en hyver avec de la braise qui ne fait pas de la fumée, dans de grandes terrines entourées de bois pour ne pas brûler ses habits. Autour de cette salle l'on y voit les Portraits des Cardinaux, qui ont esté grands Bibliothecaires. C'est une charge qui vaut à ce que l'on m'a dit dix mille écus de rente.

De cette salle on entre dans la Bibliotheque, qui consiste premierement en une grande sale qui a cent pas de long & 29 de large, soûtenuë sur le milieu de six grands pilliers, bien peints & ornez, qui sont tout autour, garnis d'armoires de Livres, aussi bien que toutes les murailles. De cette salle on entre en une longue Galerie d'environ 300 pas, separée de divers compartimens: & remplie de quantité de bons Livres. Du costé gauche sont les Livres de la Bibliotheque Palatine, que le Duc de Baviere envoya à Rome, aprés la prise d'Heidelberg.

Tous les Livres de la Bibliotheque sont comme j'ay dit enfermez dans des armoires, mais la civilité des Gardiens de la Bibliotheque ne tient rien de caché aux personnes qui ont un peu de merite. Ce n'est pas que cela ne soit fort incommode, tout estant fermé à la clef. Celle du Cardinal Barberin au Palais de la Chancellerie, n'est pas dans des armoires, mais sur des Pupitres.

On fait voir dans la Bibliotheque du Vatican, l'original de quantité de Lettres, que le Roy d'Angleterre Henry VIII. écrivoit de sa main à sa Maistresse Anne de Boulen Mere de la Reyne Elisabeth, pendant que sa premiere femme Catherine d'Austriche, tante de Charles-Quint, vivoit encore. Dans l'une il luy écrit que trois choses l'affligent. La premiere sa maladie. La seconde la joye qu'en aura leur ennemie, dont il souhaite d'estre delivré, car, dit-il, elle se prepare à me faire pis la méchante Rebelle. La troisiéme, l'absence du premier Medecin auquel il se fie le plus, mais au défaut de celuy-là, il la confie au second. Au bas de cette Lettre sont ces mots.

Par le Secretaire qui plus vous aime, vostre loyal amy, Henric Roy. Dans une autre de ces Lettres, il luy écrit qu'éloigné de sa Maistresse, il s'ennuye extrémement, & trouve les jours bien longs : mais qu'il l'en aime d'autant plus ; *car* , dit-il , *aux longs jours , bien que selon les Astronomes le Soleil soit alors plus éloigné de la terre , neantmoins il l'enflame davantage.* Ie trouve cette pensée amoureuse fort delicate & fort sçavante , & je ne me souviens point de l'avoir veuë dans aucun des Anciens. Ie croy que ces Lettres furent apportées à Rome par le Cardinal Polus, aprés le regne de Marie , laquelle avoit dissipé le party du Roy Edoüard , & mis Elisabeth sur le bord de l'échaffaut. Le Bibliothecaire me dit que Monsieur Baudier Languedocien avoit pris copie desdites Lettres , pour les inserer dans son Histoire d'Angleterre , qu'il devoit bien-tost faire voir au public. Elles sont reliées en un livre couvert de rouge in 4°. épais d'un doigt, collées sur un contre papier pour

ne pas se déchirer. Le caractere est
assez gros de lettre bastarde entre
Italienne & Françoise, l'ortographe
n'est pas correcte ; mais elle l'est
plus que des autres que nous avons
vû de nostre Reyne Catherine de
Medicis, quoy qu'elle eust demeuré
déja plus de 30 ans en France. L'on
voit ensuite l'original de la Dédicace
qu'il fit à Leon X. de son Livre de
la defense de la Foy contre Luther,
dont le Bref de remerciment dudit
Pape est retourné à Rome. A l'entrée de la Bibliotheque à main gauche l'on voit la vieille Chaire de
marbre, où est gravé en lettres Grecques un peu effacées le *Canon Paschalis Hippolyti* que Scaliger a commenté. Le Prelat Hippolytus y est
assis, mais d'une sculpture moderne.
En l'une des armoires sont tous les
volumes reliez de l'Original des
Annales du Cardinal Baronius,
écrites de sa main, en caracteres
fort menus & difficiles à lire.

Je vis le Manuscrit in folio épais
de quatre doigts du rare Isidorus,
que Monsieur de Saumaise avoit

feüilleté à Heydelberg & cotté en divers endroits. Quand je demanday au Bibliothecaire, pourquoy à l'exemple de tant d'autres Bibliotheques, on ne faisoit pas imprimer le catalogue des Livres du Vatican, je reconnus à son sourire que la Cour de Rome ne desire pas que l'on sçache ce qui y est, ou ce qui n'y est pas, & qu'elle veut se reserver le pouvoir de donner & garder ce qu'elle voudra, sans crainte de reproche.

Il y a 500 écus par an affecté pour l'augmentation de ladite Bibliotheque. Le sçavant Monsieur Holstenius de Hambourg qui en estoit Bibliothecaire ou plutost premier gardien, avoit mille écus de pension de cette charge, & autant d'un Canonicat de S. Pierre, qui luy auroit valu davantage, s'il n'avoit pas payé une pension à un particulier. Leo Allatius Grec de Nation qui a beaucoup écrit, en estoit le second gardien.

Ie m'informay de l'Anthologie Grecque d'Heidelberg, & des soixante Epigrammes Obscenes, que quelques-uns ont à Paris, les ayant vû à Paris entre les mains de Monsieur de Saumaise. On me dit qu'il y en avoit bien plus de 60, & qu'il y en a un huitiéme Livre tout entier du Poëte Straton, merveilleusement ingenieux en sa maudite Pæderastie. Ie n'eus ny le loisir ny l'envie de les voir, & il me souvient qu'estant à Leiden l'année 1633. Monsieur de Saumaise me protesta, qu'elles ne verroient jamais le jour par son moyen.

L'an 1652. il y eut quelque démelé chez Messieurs du Puy à Paris entre Monsieur Mesnage & quelques autres pour ces Epigrammes. Ie disois une fois à Monsieur Holstenius que j'ay eu l'honneur de connoistre, que lorsque Mylord Digby vendoit par pure necessité sa belle Bibliotheque à Paris, j'y avois vû une Bible de Sixte, que l'on estimoit deux mille francs, quoy que ce ne fust qu'un volume in folio : il me dit qu'elle appartenoit au Cardinal François Barberin, de qui Mylord

Digby l'avoit empruntée, sans avoir jamais voulu la rendre. M'estant aussi informé de luy, si ce qu'on nous avoit souvent dit en France estoit véritable, que le crane de Monsieur l'Admiral de Chastillon, estoit conservé soigneusement dans quelque cabinet du Vatican, il s'en moqua avec quelque mépris, & m'assura que cela n'estoit point : mais qu'à la verité l'histoire de la S. Barthelemy estoit dépeinte en grand volume en l'une des Salles, qu'en l'un des tableaux l'Admiral paroit égorgé, & qu'en un autre le Duc d'Anjou est peint l'épée nuë avec ces paroles *Factum Rex approbat*, & si je ne me trompe c'est la mesme salle, où je vis une fois à l'obscurité, peinte la grande Histoire du Pape Alexandre III. & de l'Empereur Frideric Barberousse, où je ne vis pas ce Pape fouler aux pieds le Col de l'Empereur, comme il est dépeint ignominieusement dans la grande salle du Conseil de Venise. Il y a dans le Vatican la Chapelle de Sixte, où se voit le merveilleux Ouvrage

Ouvrage du dernier Jugement de Michel Ange. Le lieu est un peu trop obscur, & si nous n'y eussions pas esté en un temps qu'il y avoit quantité de flambeaux allumez, nous n'en eussions pas pû découvrir l'excellence. On ne voit rien de plus lumineux, de plus doré, ny de plus riant, que la Chapelle Pauline en ses jours de parade.

Outre que le Palais du Vatican, est basty sur une colline, il est encore majestueux en l'élevation de son bâtiment, ayant trois hautes Galeries les unes sur les autres, qui regnent le long du logement, & qui sont lambrissées de riches peintures, la pluspart de Raphaël d'Urbin. Outre cela il y a plusieurs Galeries de traverse, dont il y en a de 300 pas de long. C'est là qu'on dresse les Cellules des Cardinaux à la creation des Papes. Tout auprés sont les jardins de Belveder, dont il y en a un, serré & particulier pour le Pape. Ils sont ornez de plusieurs pieces antiques, & entr'autres de cette Nymphe nuë endormie, qui

D

est estenduë le long d'une fontaine, & qu'on dit estre la statue de Cleopatre. Mais ce qu'il y a de plus rare est le Laocoon, dont Pline fait tant de cas, & qu'il dit estre le chef d'œuvre de trois excellés Sculpteurs Rhodiens. Le desespoir d'un Pere qui tache de dégager ses deux enfans des embrassemens d'un grand Serpent qui les envelope, & qui en est luy-mesme saisi, est quelque chose de si naturellement exprimé, qu'il ne luy manque que les cris & les soûpirs. Du temps de nos ayeux cette rare piece fut par hazard tirée des ruines du Palais de l'Empereur Titus.

Depuis le Vatican jusqu'au Chasteau S. Ange, il y a 1530 pas, à ne compter que depuis la porte de l'Eglise S. Pierre, laissant toute sa longueur, & ce qui est au delà. Et du Chasteau S. Ange jusqu'à la place Navone, il y a 1560 pas : qui fait 3090 pas communs; ce qui pourtant n'est qu'environ la cinquième partie du diametre ou de la ligne qui traverse la ville de Rome. Ainsi elle auroit quinze mille quatre cent cinquante pas communs de diametre, depuis le Vatican jusqu'aux Aqueducs de l'Empereur Claude, & autant pour le moins depuis la porte d'Oſtie jusqu'à la porte Pie, en ſe figurant par dedans la ville une ligne qui traverſaſt droit ſans montée ny deſcente qui augmenteroit le nombre des pas.

Le Pape peut ſe retirer à couvert en ſeureté depuis le Vatican juſqu'au Chaſteau S. Ange, par une petite gallerie de bois longue de 1500 pas.

Du cuivre qui ſervoit d'ornement aux liaiſons & au couvert du vieux Temple Payen qu'on appelloit Pantheon & maintenant la Rotonde, Vrbain VIII. fit faire ſoixante pieces de beaux canons, qui ſont une partie au Chaſteau S. Ange, & l'autre dans l'Arcenal du Vatican. Il en fit outre cela faire ces quatre magnifiques Colomnes prés de grand Autel de S. Pierre aux quatre coins du tombeau de S. Pierre & S. Paul. Les quatorze Colomnes hautes & groſſes, qui ſont au Veſti-

D ij

bule du Pantheon, sont fort majestueuses. On a laissé à la porte du Temple le cuivre dont elle est revestuë, qui lors qu'on le gratte d'un coûteau paroit de vraye couleur d'or.

Le Colisée ou Amphiteatre de Vespasien achevé & dedié par Tite son Fils, est mal attribué par quelques uns à Domitien, aussi bien que tous les spectacles du premier Livre des Epigrammes de Martial, qui sont presques toutes faites pour Tite. Il a dans son ovale du costé le plus long 280 pas communs de diametre en comptant les murailles, & de l'autre costé 200 pas. Il estoit d'une hauteur immense, mais une partie a esté abbatuë par les Gots, & l'autre par les Favoris des Papes, qui en ont quelquesfois fait bastir de belles maisons. On dit que le Palais Farnese en a la plufpart esté construit. Il est basty de grands quartiers de pierre dure de Tivoli, qui est une espece de marbre.

A un mille & demy hors de Rome, en s'acheminant vers Ostie,

l'on voit la belle & ancienne Eglise de S. Paul, longue de deux cent quatorze pas, & large de cent deux. La Nef ou allée du milieu est large de 38 pas, les deux allées à droite & les deux allées à gauche large chacune de 16 pas. Elles sont separées de quatre rangs de Colomnes de marbre, 20 Colomnes à chaque rang, qui sont 80 en tout. Puis au haut en montant vers le grand Autel, il y a dix Colomnes fort hautes & fort grosses, qu'à peine trois hommes pouvoient embrasser. Il n'y a point de Chapelle au long de la Nef, ny d'allées, mais seulement aux aisles proche le grand Autel. Quelques Auteurs ont écrit que ces 80 Colomnes de S. Paul, ont esté autrefois prises du *Moles Hadriani* ou Chasteau S. Ange, qui en avoit des estages les uns sur les autres, & des statues de rare artifice, plus de deux cent. Le pavé de l'Eglise est fait de grands carreaux de marbre qui ont la pluspart servi à des sepultures anciennes, de sorte qu'on y lit plusieurs inscriptions

Payennes & Chrestiennes, les unes entieres & les autres seulement à demy. On y fait voir le Crucifix qu'on assure avoir parlé à Sainte Brigide. La Chapelle où S. Pierre & S. Paul se dirent le dernier Adieu, n'est pas fort éloigné de cette Eglise.

L'on trouve à un mille de là l'Eglise des trois fontaines, avec la Colomne assez haute, où l'on dit que S. Paul fut décapité; elle est d'un marbre blanc qui paroit tout nouvellement taillé. Les trois fontaines qui sortirent miraculeusement du lieu où S. Paul eut la teste coupée aux trois bonds qu'elle fit, sont dans une Chapelle voisine.

Dans l'Eglise San Carlo à Rome il y a trois *humilitez* richement couronnées. La Devise dudit S. Charles, n'estoit qu'une H, qui est la premiere lettre de ce mot là. Dans celle des Augustins bastie par le Cardinal d'Estouteville Archevêque de Roüen, il y a une tres belle Chaire de Predicateur. A S. Iaques de *gl' incurabili*, je remarquay cette inscription du Fondateur le Cardinal Salviati,

d'Italie.

Antonius Maria Salviatus , Templum Deo , Domum ægrotis ædificavit.

Dans l'Eglise d'Ara-Cœli je lûs sur le tombeau de Lorentio Scorzino Florentin, *obiit Halendis Novembribus* 1590. où l'H est mise pour marquer leur prononciation gutturale *Halendis* pour *Kalendis* & dessous ces vers ingenieux.

Vissi molt' anni, anzi poch' anni vissi:
Ardisco dir, non vissi pochi o molti:
Poich' ognidi in quel di moriamo,
  e tolti
Ne sono gl' anni, che poi in Ciel
  sien fissi.

L'Epitaphe d'un Prestre à l'Eglise de JESUS MARIA, maison de S. Augustin proche Ripette, n'est pas moins belle.

IESU CHRISTO
Mortuorum primogenito.
Amplioribus piorum suffragiis ex-
  poscendis.
Suam hic exponit imaginem,
Sibique tumulum vivens præsignat.
Cornelius Franciscucius Sacerdos,

D iiij

Nouveau voyage

Ut dum in Principe Apostolorum
Ecclesia
Oeconomum agit animarum
Id sedulò curet
Suæ ut anima post mortem côsultum sit
obiit anno reparatæ salutis -- ætatis

Dans S. Iean des Florentins entre autres belles Inscriptions sepulchrales & modernes, j'ay choisi les suivantes.

Sur le tombeau d'Ottavio Corsini Archevesque de Tarse & Nonce en France.

HOSPES TECVM REPVTA
HONORES CONSEQVI,
SÆPE FORTVNÆ OPVS,
MERERI, SEMPER VIRTVTIS.

Sur celuy de Raphael Gallistrucci.

RAPHAEL GALLISTRVCCIVS
FLORENTINVS VIVENS
MORITVRVS SIBI SVISQVE
SEPVLCRVM PRÆPARAVIT.
A. S. 1641.

Sur celuy de Sanctes Vanninus de Pistoye.

SANCTES VANNINVS
PISTORIENSIS HVNC
LOCVM VIVENS ELEGIT,
IN QVO VNA CVM SVIS
NOVISSIMÆ TVBÆ SONI-
TVM EXPECTARET.
A. S. 1631.

Sur celuy de Thomas Lapaccini Noble Florentin.

THOMAS LAPACCINVS
NOBILIS FLORENTINVS,
FAMILIÆ SVÆ POSTREMVS
SANGVIS, SIBI TVMVLVM
LEGIT, EXORNAVIT,
VIVENS. HIC DEMVM
GENTILITIA, PLVRIBVS
NOBILITATA SECVLIS,

DEPONIT INSIGNIA.

Ætatis suæ anno 59. Sal. 1615.

Sur celuy de *Lucas Mignaio Florentin.*

D. O. M.

LVCAS MIGNAIVS FLORENTINVS, SIBI, LORENTINIS, TRANSMONTANIS NOBILIBVS, QVOS ROMÆ MORS INTERCEPERIT, SEPVLCRVM APERVIT; VT VRBS OMNIVM PARENS OMNES EXOPIAT, AC FACIAT TVMVLO PARES.

A. S. 1624.

Sur celuy *d'Aurelio Megliore Patrice Florentin.*

D. O. M.

AVRELIVS MELIORIS DEL MIGLIORE FILIVS, PATRICIVS FLORENTINVS LOCVM CORPORI SVO POST MORTEM HIC ESSE VOLVIT, VNDE VIVENS NVNQVAM DECESSIT. A. D. 1609. obiit xi Sept. 1627. æt. suæ 61.

Sur le tombeau destiné aux Prestres de l'Eglise S. Iean des Florentins.

VT VNANIMES ETIAM OBDORMIANT IN DOMINO, QVI SACRIS INVIGILANDO MINISTERIIS SIMVL CONVIXERE, NATIO FLORENTINORVM HVIVS ECCLESIÆ SACERDOTIBVS MONVMENTVM POSVIT, ANNO SALVTIS 1649.

Laissons-là les morts & parlons encore de quelques curiositez de Rome. Les Architectes font cas à Rome de ces trois pieces modernes, dans trois divers Palais. Les degrez de celuy des *Caietans* à la strada del Corso; les fenestres du Palais *Crescentio*, & la porte di *Carbonara*. Dans l'un des Palais du Capitole qu'on nomme du Seigneur Prefect en entrant on trouve dans le Vestibule le portrait d'un poisson qui est long d'environ un pied & demy, avec l'ordonnance écrite tout joignant, que de tous les poissons qui se rendront dans Rome excedant ladite longueur, la teste en est deuë à ce lieu là. En France nous avons quelques Seigneurs Evesques, qui se contentent de la langue de toutes les carpes qui se vendent à leur poissonnerie, aussi bien que des langues de bœuf de la boucherie.

Les Italiens se rejouïssent d'entendre de bons mots. J'écrivois souvent dans mes tablettes ceux qui me plaisoient, & je me trouve à present de l'humeur de ceux qui aiment mieux dire quatre ou cinq impertinences que de perdre un bon mot, & ne rien dire du tout. En voicy donc quelques-uns. 1°. *Ha, que diront nos Religieux*, disoit un bon Jacobin, *j'ay emporté la clef de la Bibliotheque ? N'importe*, répondit quelqu'un, *pourveu que vous leur ayez laissé la clef de la cave*. 2°. *Non e villano, chi e nato in villa, ma chi fa villania*. 3°. Saint Cyrille dit que la grandeur avoit esté donnée aux Geans en punition de leur malice. Les grands hommes coleres sont des fournaises embrasées. 4°. Il y en a qui chassent une passion par une autre, un Diable par un autre. 5°. *Un scoglio vecchio ha rotto la mia nave nuova*, disoit un jeune homme qui avoit épousé une vieille. 6°. *Scarpa che d'altri fu, ben non mi sta*, disoit un homme qu'on vouloit obliger de se marier à une veuve. 7°. *Fiasco di che ognun beve sapor non ha*, c'est ce qu'on peut dire d'une Courtisane. 8°. Les Religieuses disent de belles choses au parloir, & puis elles n'ont qu'à se rinser

la bouche d'un peu d'eau beniste.
9°. Entrant dans la chambre d'une belle Dame Romaine, qui venoit de se laver la teste, & se sechoit les cheveux, je dis en la saluant : *la pescatrice asciuga le sue reti.*

La Cour de Rome est fort severe, pour les choses qui portent consequence, ou qui touchent à sa reputation, & font tort à son interest. L'an 1653. Le Signor Mascambruno, favory & Officier du Pape, & que l'on croyoit devoir estre bien-tost Cardinal, fut décapité, son corps exposé, & la teste recousuë, devant le pont S. Ange. Il avoit falsifié des Lettres Apostoliques, en faveur d'un Gentilhomme Espagnol, prisonnier dans l'Inquisition d'Espagne. C'estoit des Lettres pour évoquer son procez à Rome. Ce faussaire estoit né pauvre garçon, mais à cause de son esprit, un Avocat de Rome nommé *Mascambruno* le prit en affection, l'adopta, & luy laissa son nom & ses biens, qui estoient la pluspart autour de Lorette, quoy que la Santa Casa aye toute la banlieüe en sa possession ; mais ayant esté confisquez, Madona Olympia pour avoir de l'argent comptant, obligea le Pape & la Chambre Apostolique de les vendre à la Santa Casa de Lorette. Quelque temps aprés, au mois de Decembre 1653. On emprisonna l'Auteur du Livre intitulé, *Tractatus de officio & jurisdictione Datarii ; Autore Theodoro Amydenio, Advocato Romano & Regio, ad Innocentium X. cum permissu & privilegiis, in folio. Roma 1653.* ceux mesme qui avoient donné les Approbations furent en peine.

Au College de la Sapience, où se tient l'Université, quelques Professeurs, & mesme ceux de la faculté de Medecine, portent la robbe violette, qui est une marque de dignité & prééminence par dessus leurs Confreres.

Ce qu'on appelle le College Romain est celuy de la petite jeunesse, les Jesuites en ont la conduite. Le bastiment est tres beau, & sur la porte des Classes les principales villes de la Chrestienté, y sont peintes, avec de belles Inscriptions & Eloges d'un stile empoulé qui ne tient point de la veritable Rome, où les bonnes & belles choses se trouvent en abondance. L'on voit seulement sur le Frontispice du grand portail cette excellente & naifve Inscription, GREGO-RIVS XIII. PONT. MAX. RELIGIONI AC BONIS ARTIBVS.

On voit dans ce College le cabinet curieux de raretez du R. P. Kircher, qui a mis tant d'Ouvrages au jour.

Enfin on trouve à Rome dequoy se satisfaire sur toutes sortes de curiositez selon sa passion. Il y a des livres qui instruisent chaque curieux sans que je prenne soin de vouloir en instruire le lecteur, il me seroit mesme difficile dans le dessein que j'ay de donner un livre qui n'incommode ny la bourse ny la valise des Voyageurs. On peut lire un Livre Italien qui contient tous les tableaux publics de Rome, en quel lieu ils se trouvent, & de quel Peintre ils sont. On trouve des Livres de stampes de tous les Palais, des Fontaines, de toutes les Antiquitez, de tous les bas reliefs, de la Colonne Trajane, de la Colonne Antonine, de l'Arc de Severe, des Obelisques, des statues, des vases antiques, de l'Arc de Constantin, des Mascarons & Camayeux antiques.

En sortant de Rome pour *Naples* on rencontre le bel Aqueduc de l'Empereur Claude: à douze mille de Rome on s'arreste à *Marino*, Bourg & Chasteau, qu'on croit avoir esté *Villa Marii*. On va voir prés de là les beaux lieux de Frescati & de Grotta Ferrata, où l'on croit qu'à esté le *Tusculanum* de Ciceron & *Villa Luculli*.

A douze milles de Marino est *Veletri*, lieu des Ayeux d'Auguste. A droit est la *Via Appia*, qui conduit aux *Tres Taberna* dont parle S. Luc aux Actes. Elles estoient à trente trois milles de Rome. Cette *Via Appia* a esté continuée à grands frais, *per Pomptinas Paludes.* Elle mene à Terracine, derniere ville du Pape de ce côté-là, appellée autrefois *Anxur*, sur la riviere Baldino, autrefois *Axusenus*. De l'autre côté, prés la Mer Adriatique, on rencontre la riviere *Tronto*, qui fait les confins de l'Eglise & de Naples. De Rome à Terracine il y a 60 milles, & trois milles plus avant on entre dans le Royaume de Naples. De Terracine il n'y a que dix mille jusqu'à *Fundi* premiere ville dudit Royaume. De Fundi on va à *Gaiette*, puis à *Mola* olim *Formiæ.* Vous traversez le *Garillian*, autrefois *Liris*, qui estoit la borne du *Latium.* Vous trouvez ensuite *Sessa*, qui estoit *Suessa Pometia Auruncorum*, & prés la Mer *Sinuessa*: Ensuite la riviere Vulturne, & au devant fort proche les Isles *Prochytis*, *Ischia*, *Pythecusa* & *Pandataria*, & plus haut les infames *Caprées* de l'Empereur Tibere. A terre le *Linternum* de Scipion: prés de l'eau le Golfe de *Puzzol*, *Baies*, le Lac *Fucin*, *Cumes*, & l'Ancien *Averne*. L'Academie de

Ciceron. La Grotte de Naples, qui est le Mont Pausilippus creusé de la longueur d'un mille, de douze pieds de largeur & autant de hauteur. C'est en cét endroit qu'est le tombeau de Virgile. En deçà Naples, & quatre milles au delà est le Mont Vésuve *Monte di Soma* qui vomit de temps en temps du feu, & toûjours de la fumée, de mesme que celuy d'Ætna en Sicile. A une journée de Naples est *Salerne* ville Archiepiscopale & maritime, au plus bel aspect & dans le plus agreable pays du monde.

NAPLES.

Naples les delices de l'Italie, dans laquelle autrefois les beaux esprits de Rome souhaittoient d'aller finir leurs jours en repos, est souvent échapée à la France par nostre mauvaise Politique, & par les intrigues des Papes Espagnolisez.

Cette ville est belle & fort grande, tant en son enceinte de murailles, qu'en ses Faux-bourgs. Les rues & les maisons sont belles, & les habitans somptueux en habits, & fort addonnez à leurs plaisirs. En Esté aprés que la chaleur est un peu moderée sur le soir, les riches se promenent sur la Mer, où pour lors l'air est fort agreable. L'aspect en est si beau que Strabon nomme ce petit endroit de Mer une Tasse, *Craterem*, & les autres aprés luy *sinum crateris*.

La ville est commandée de trois Forteresses, deux sur la Marine, sçavoir *Castel Nuovo*, & *Castel dell' Ovo*. Celle-cy a son nom d'un écueil en forme d'œuf, sur lequel elle est bastie. La troisiéme est sur la colline, & se nomme *Saint Elme*. Elle est encore cómandée de la Tour S. Vincent & des Galeres du Port.

Dans le milieu de la colline est situé le Monastere des Chartreux, d'où l'on découvre avec admiration toute la ville & le pays des environs. Le superbe Palais du Viceroy n'est pas éloigné du Chasteau de l'Oeuf. La ruë de Tolede est tres belle, comm'aussi la place de l'Orme. L'Eglise Metropolitaine est sous le nom de Saint Janvier, *San Gennaro*, de qui on fait voir les Reliques ; L'Eglise de S. Dominique est fort belle. Plusieurs Roys de Naples y sont enterrez. C'est là qu'on voit ce Crucifix qui parla, ce dit on, à Saint Thomas d'Aquin, luy disant, *Thomas tu as si bien écrit de moy, que veux-tu que je te donne ?* Et S. Thomas luy répondit en l'embrassant ardemment : *Cher Crucifix, je ne veux rien de toy que toy seul.* Il y en a qui veulent dire que ce Crucifix est d'or massif.

Charles d'Anjou fut décapité à la place de Nostre-Dame des Carmes avec ces deux Princes innocens Conradin Duc de Suaube & Frideric d'Austriche : lesquels causerent tant de compassion dans l'esprit de ceux qui assistoient à leur supplice, qu'un Gentilhomme alla poignarder le President qui avoit prononcé la Sentence.

L'on voit à Sainte Marie Nouvelle qui est une belle Eglise ornée de peintures, le corps entier du Beato Jacoma de Camarea, & la sepulture du Comte de Sommerives. Le petit fils du grand Capitan a fait faire dans cette Eglise des Tombeaux à Odet de Foix Seigneur de Lautrec & à Pierre de Navarre. Les paroles suivantes sont gravées sur le premier.

ODETTO FVCCIO LAV-
TRECCO CONSALVVS
FERDINANDVS LVDOVICI
FIL. CORDVBA MAGNI
CONSALVI NEPOS CVM
EIVS OSSA QVAMVIS
HOSTIS IN AVITO SACELLO
VT BELLI FORTVNA TVLE-
RAT SINE HONORE IACERE
COMPERISSET HVMANA-
RVM MISERIARVM MEMOR
GALLO DVCI HISPANVS
PRINCEPS POSVIT.

Et sur celuy de Pierre de Navarre.
OSSIBVS ET MEMORIÆ

PETRI NAVARRI CANTABRI
SOLERTI IN EXPVGNANDIS
VRBIBVS ARTE CLARISSIMI
CONSALVVS FERDINANDVS
LVDOVICI FILIVS MAGNI
CONSALVI NEPOS SVESSÆ
PRINCEPS GALLORVM
PARTES SECVTVM PIO
SEPVLCHRI MVNERE HO-
NESTAVIT CVM HOC IN
SE HABEAT PRÆCLARA
VIRTVS VT VEL IN HOSTE
SIT ADMIRABILIS.

Dans les premiers siecles de la Fondation de Naples, on parloit Grec, & en effet plusieurs Inscriptions anciennes y sont Grecques sous les premiers Empereurs Romains, & mesme dans le débris du magnifique Temple de Castor & Pollux. On en voyoit autrefois une proche la Fontaine de l'Annonciade, où on lifoit que l'Empereur Tite Vefpafien y avoit rétably quelque édifice, que les tremblemens de terre avoient bouleverfé. Ils font fort frequens à caufe du voifinage du Vefuve & de l'Ætna de Sicile, qui ont creufé comme croyent les curieux, des Galeries foûterraines par deffous la Mediterranée, dont les vapeurs renfermées font fouvent le mefme effet, que la poudre à canon dans les mines & travaux qu'on a pratiquez fous terre, & on y voit quelquefois naiftre des Ifles, que l'on n'avoit jamais veuës.

Les Anciens difent que la Nymphe ou Sirene Parthenope fille d'Eumelus fut la Fondatrice de cette ville, qui en a long temps porté le nom, & l'on y faifoit voir fa ftatue & fon monument ; quelques uns affurent que Phalere Roy des Agrigentins, eftoit fon Fondateur; & d'autres qu'elle a efté baftie par les Rhodiens, ou mefme par ceux de Cumes ou par ceux de Chalcis.

Solin

d'Italie.

Solin dit qu'elle fut appellée *Neapolis, la nouvelle ville*, par l'Empereur Auguste, mais il y a des Auteurs qui luy donnent ce nom avant le temps d'Auguste : c'est apparemment depuis qu'il l'eut rebastie qu'elle aquit les droits de Colonie Romaine & qu'elle fut appellée *Colonia Neapolitana.*

L'Empereur Conrad ayant conquis Naples, & marchant vers l'Eglise Metropolitaine qui estoit alors Santa Restituta, vid le cheval de bronze sans bride, qui marquoit les armoiries de la ville ; il le fit brider & mettre ce distique.

Hactenus effrænis, Domini nunc paret habenis :
Rex domat hunc æquus Parthenopeus Equum.

Cét Empereur mourut de poison l'an 1252. laissant Conradin son fils legitime qui fut décapité, & Manfroy son fils naturel.

Il y a dans Naples 29. *Oseine di Capitani* : 47478. feux, y comprenant les Fauxbourgs, & 43 Casale qui font seuls sept mille feux. On y compte environ trois cens vingt huit mille Ames, & dans les Monasteres & autres lieux publics dix huit mille.

Les Congregations ou Confreries de divers Estats & Nations, marient tous les ans 665. pauvres filles, & employent pour leur dot 29479. Ducats, la plufpart à 24. Ducats chacune, quelques-unes à 30 & à 60. & une à 100 par le legs de Tifeo Graffo Notaire.

On voit aussi i *Monachi Scopettini*, *i Camaldoli*, *Servi del Parto*, *Paulini ô Teatini*, le Capuccinelle, lo spedale de gl' incurabili, li Conservatori di figlivoli, di Vedove, di Vecchi, les Prisons, la Vicaria, l'Ammiragliato, l'Archevesché, la Monnoye, le Palais du Nonce, la Chapelle de Santa Barbara di Bombardieri, la Staurita di San Georgio, dans l'Eglise de S. Iean à Carbonara, il Beato Christiano Francese, les Jesuïtes où sont peints les miracles de S. Ignace, la Maison de ville, l'Annonciade, Sainte Catherine, le Lambris des Carmes, Saint Severin, le Mont Olivet, le Cabinet de curiositez naturelles de Ferrante Imperato Apothicaire, celuy des Medailles dans la famille des Pichetti, & les graveures antiques d'un Gentilhomme nommé Andreas Andreini.

Dans cette ville sont nez de grands hommes dans tous les siecles. Le Poëte Stace en estoit, & Sannazare qui vivoit au siecle passé. Boniface VIII. Jean XXIII. tous deux Papes, & Alexandre ab Alexandro grand Historien & Humaniste.

Il y a dans le Royaume de Naples 148 villes, 21 Archeveschez. Le Roy d'Espagne en nomme huit & seize Eveschez par concession de Clement VII. à l'Empereur Charles Quint. Dans le mesme Royaume il y a des Seigneurs *titolati*, 38 Princes, 65 Ducs, 90 Marquis & 61 Comtes. Le tour du Royaume contient 1468 milles : de longueur 450 milles, & de largeur 140. Il se divise à present en douze Provinces, qui sont,

E ij

1. *Terra di Lavoro*, qui estoit autrefois *Campania felix*.
2. *Principato citra*, qui estoit *Picentina* & partie de *Lucania*.
3. *Principato oltra*, anciennement *Samnium & Hirpini*.
4. *Basilicata* au milieu du Royaume, *Lucania*.
5. *Calabria citra*, jadis *Brutii*.
6. *Calabria oltra*, partie de la *Magna Græcia*.
7. *Terra d'Otranto*, connuë autrefois sous le nom de *Iapygia*.
8. *Terra di Bari*, anciennement *Peuceria*.
9. *Appruzzo citra*
10. *Appruzzo ultra* delà la riviere Pescara.
11. *Contado di Molise*, qui estoit des Samnites.
12. *Capitanata*, où estoit la *Daunia* & partie de *Iapygia*.

Il y a dans la Terra di Lavoro, prés des ruines anciennes de Linternum, une fontaine d'eaux minerales aigres : elles guerissent le mal de teste, mais si l'on en boit beaucoup elles enyvrent comme du vin.

Dans le Chasteau de Nocera nâquit S. Louys fils de Charles II. Roy de Naples; lequel abandonnant le Royaume qui luy estoit hereditaire, se fit Religieux de S. François, & fut depuis nommé à l'Evesché de Tolose par Boniface VIII.

La ville d'Eboli a pour armoiries les quatre Elemens. On y conserve dans une phiole de la graisse de Saint Laurent, qui estant toute l'année ferme & dure, se ramolit le jour de sa Feste. La Principauté d'Eboli fut donnée à Nicolo Grimaldo, Noble Genois, surnommé le Monarque, par le Roy d'Espagne Philippe II. qui luy devoit une grande somme d'argent. Les Provinces maritimes du Royaume de Naples sont fortifiées de bonnes Tours; il y a dans le Territoire d'Otrante 66 grandes Tours ou Chasteaux.

A Cosenza il y a un *Mont de Pieté*, où l'on emprunte gratis comme à Naples. L'eau de la riviere Grati fait devenir les cheveux blonds, dit Ovide en ses Metamor-

E iij

phoses, & l'eau du Busento les noircit. Ces eaux font le mesme effet sur la soye. L'on montre à Nocera la langue entiere d'un Religieux, qui apparemment devoit estre quelque habile Predicateur. On publia autrefois dans cette ville un Edit qui est extraordinaire que tous les Sarrasins qui s'y trouveroient, & qui ne se voudroient pas faire Chrestiens, seroient massacrez, sans que les meurtriers en fussent recherchez.

La ville de Reggio qu'un détroit de Mer separe de la Sicile, éprouva autrefois la colere de Denys Tyran de Syracuse. Ce Roy ayant demandé en mariage à ceux de Reggio une belle fille d'une Famille noble, ils luy envoyerent pour se mocquer de luy la fille de leur Prevost. Denys ne pouvant souffrir leur insolence, équippa une Flotte, & vint assieger la ville, qu'il prit & la ruina jusques aux fondemens. Cesar Auguste ayant chassé Pompée de la Sicile, fit rebâtir Regio. Dans toutes les Inscriptions antiques ce mot est écrit sans aspiration, & non pas *Rhegium*, comme font les modernes. Ce fut là que Scipion retournant d'Afrique après avoir ruiné Carthage, aborda premierement, & voulant remercier les Dieux de sa victoire après les sacrifices qu'il fit en leur honneur, il fit dresser un Trophée dans le pays voisin, & c'est de là que *Tropea* a pris son nom.

Pour retourner de Naples à Rome par d'autres villes, on passe par *Aversa* la Normande; puis par *Capouë*, qui est sur la riviere du Vulturne, & qui est à deux milles de l'ancienne *Capouë*. A droite sont *Furcæ caudinæ Samnitum*. Proche de Suessa le Mont Falerne, où l'on recueilloit les vins celebres appellez *Falerna*. Sur la mesme route sont *Vina cæcuba*, & plus près de Rome *Albana* de l'ancienne ville d'Albe.

De Terracine à Fundi la voye Appienne est plus belle & mieux conservée qu'en aucun endroit. Appius l'avoit fait aller de Rome jusqu'à Capouë, & Trajan la con-

E iiij

tinua jusqu'à Brindes. Prés de Capouë sont les *Campi Stellati*, ainsi nommez à cause des heureuses influences du Ciel, qui les rendent tres fertiles. Ils sont entre le Gariglien & le Vulturne. On va delà à *Aquino*, Patrie de S. Thomas, puis à *Anagnia*, où Sciarra Colonna & Felix de Nogaret souffletterent le Pape Boniface VIII. de la famille des Caetans, dans la ville de sa naissance. Là auprés est le Lac *Fucinus*, aujourd'huy nommé *Lago di Tagliacozzo*.

J'ay oublié de dire qu'à *Gaiette* en l'une des Forteresses, on montre le tombeau du Duc Charles de Bourbon qui fut tué à la prise de Rome. L'autre Forteresse se nomme la Tour de Roland, qui est le tombeau de *Munatius Plancus*. Il est élevé sur le côtau bâty en forme ronde, presque à la maniere de celuy de Metellus qui est proche de Rome vers S. Sebastien & qu'on nomme mal à propos *capo di bue*, à cause de quelques testes de bœufs qui s'y voyent en sculpture. Ce

Tombeau de Plancus est fort magnifique, & l'estoit autrefois incomparablement davantage. L'Inscription qui y reste fait foy que c'est luy qui est le Fondateur de la ville de Lyon & de celle de Basle. En voicy les termes L. MVNATIVS L. F. L. N. L. PRON. PLANCVS COS. CENS. IMP. ITER. VII VIR EPVL. TRIVMPH. EX RHAETIS AEDEM SATVRNI FECIT DE MANVBIIS AGROS DIVISIT IN ITALIA BENEVENTI IN GALLIA COLONIAS DEDVXIT LVGDVNVM ET RAVRICAM

L'on voit dans la grande Eglise de Gaiette un grand & beau vase de marbre antique où l'on tient presentement les fonds baptismaux, sur lequel est gravé en bas relief Mercure qui apporte le jeune Bacchus à Leucothée sa nourrice, les

Nymphes compagnes de Leucothée y sont aussi representées. C'est l'ouvrage d'un excellent sculpteur Athenien nommé *Salpion*, son nom y est écrit.

Estant arrivé à Veletri & vû à gauche *Laricia* autrefois *Aricia*; l'ancienne ville de *Lavinium*; *Savello* proche de l'ancienne *Albalonga*; Albano où l'on voit un reste d'Amphiteatre, & là proche le Lac d'*Albano*, & au delà à droit à 18 milles de Rome *Pilastrina*, l'on trouve les ruines de l'ancienne *Præneste*, où estoit le celebre Temple de la Fortune. On retourne à Rome par Tivoli.

TIVOLI.

Tivoli est l'ancien Tibur. C'est là qu'on void le *Teverone* qui par la chute des rochers fait une cascade admirable, proche de laquelle estoit à ce qu'on croit la grotte de la Sybille Tiburtine. On voyoit au dessus de la cascade un petit Temple ancien dedié à Hercule du Rocher; HERCVLI SAXANO : mais les beaux & delicieux jardins enrichis de merveilleuses fontaines du Cardinal d'Este attirent davantage les Etrangers à Tivoli. Proche de l'Eglise il y a deux statues d'Isis d'un marbre moucheté, qui ont esté trouvées dans la *Villa Hadriani*, à demy lieuë de là. Le Lac des Barquettes ou des Isles flottantes proche de Tivoli merite bien aussi d'estre vû. L'eau en est souffrée.

Par Lorette il y a treize journées d'Esté de chemin à cheval. De Rome à Venise, par Florence il n'y en a que dix. On peut par le chemin de Lorette aller en carosse jusqu'aux Lagunes de Venise, mais de Rome jusqu'à une lieuë au delà d'Ancone, il faut souvent mettre pied à terre, & outre cela les cochers ont toûjours un homme de pied, qu'ils appellent un Sostentatore, parce qu'il soûtient à tout moment le carosse, qui courroit risque de verser. On le congédie ordinairement à une lieuë au delà d'Ancone, car la Romagne, le Boulonnois, le Ferrarois, & le Padoüan ce sont de belles plaines, où le carosse roule sans peine, mais la boüe vous oblige d'estre fort long-temps en chemin. Lorette est entre Rome & Bologne.

On doit cette reconnoissance au Pape & au grand Duc, qu'ils ont grand soin des chemins, principalement dans la Toscane, où l'on ne passe presque jamais riviere ny ruisseau à gué, ny en batteau, mais sur des Ponts biens bâtis & bien entretenus : sans craindre aussi de rencontrer par les chemins des voleurs & bandits, comme en d'autres endroits d'Italie.

Estant sorty de Rome par la Porte del Popolo, où commençoit l'ancienne *via Flaminia*, on passe le Tibre à deux milles delà, sur le Ponte Mole, autrefois *Pons Milvius*, dont nous avons déja parlé. On passe ensuite la *Prima Porta*, *Castel Novo*, *Arignano* : puis estant arrivé au pied du Mont S. Sylvestre, autrefois *Soracte*, on s'en va à Civita Castellana, & traversant encore le Tibre, on laisse le pays des vieux Sabins, & l'on se rend à Otricoli.

OTRICOLI.

Otricoli est éloigné de Rome de 35 milles, dans l'Ombrie Meridionale. Cette petite ville est ancienne, aussi bien que *Narni*, *Terni & Spolette* Colonie Latine, qui estoit sous la domination des Roys Gots, ville Ducale de l'Ombrie. Le Chasteau élevé d'Otricoli est bâty sur le vieux Amphiteatre des Romains. Tout ce pays est dans les Monts Apennins, de mesme que *Foligno* qui est l'ancien *Fulginium & Forfiamma* qui est basty sur les Mazures du *Forum Flaminii*, qui fut détruit par les Gots.

De là on passe le *Col fiorito*, c'est une Montagne difficile à passer, par le mauvais temps qui est continuel: & neantmoins le pasturage y est excellent & on y mange d'excellent beurre. Il y a au pied de la Montagne le village de *Serravalle*, où l'on void une longue muraille, qui sert de closture à la vallée. La pluye nous y prit & dura si long-temps qu'il y fallut demeurer vingt quatre heures. J'y vis une Paysane de la plus belle taille & d'une beauté la plus achevée, que jusqu'alors j'eusse vûe dans toute l'Italie. Et sans doute que la fraicheur des Montagnes contribuë beaucoup à maintenir le teint.

TOLENTIN.

Tolentin Colonie Romaine & ville Episcopale, est en reputation à cause de S. Nicolas : on y vend des pains benits, qui à ce qu'on dit, estant jettez dans la Mer pendant la tempeste, ou dans le feu lors d'une incendie, appaisent l'orage, & arrestent le feu. On y void une statue & des Reliques de ce Saint, & une Eglise qui luy est dediée, elle est servie par des Augustins.

MACERATA.

Macerata, est une belle ville sur un côtau, il y a Vniversité & bonne compagnie. Il y faut voir le Palais du Pape, le Dôme, la Place, & la Maison de Ville.

RECANATI.

Recinetum, qu'on appelloit autrefois *Helvia Ricina* fut fondée comme on croit par l'Empereur *Helvius Pertinax*, & embellie par les soins de l'Empereur Severe son Successeur. On trouve mesme une Inscription dans Gruterus qui fait Severe son Fondateur, & en ce cas là il en a voulu faire l'honneur à *Pertinax*, puis qu'il l'a appellée *Helvia* à l'honneur de Pertinax qui s'appelloit *Helvius* de son nom de famille. Il y a proche delà les debris d'un Amphiteatre de briques. Cette ville est la capitale de la Marque d'Ancone pour la Justice & pour le Gouvernement. Le Dome est assez beau.

LORETTE.

Lorette ville de la Marque d'Ancone est à 130 milles de Rome, c'est à dire prés de cinq journées de chemin. Elle est située en un lieu élevé : il n'y a que demy heure de chemin pour arriver à la Mer Adriatique, mais elle n'a point de Havre, & la Plage n'est frequentée que par des Pescheurs. Cette ville est de mediocre grandeur, assez bien fortifiée & de beaux Fauxbourgs. Les environs sont fertiles & bien cultivez, & presque toute la banlieüe, comme j'ay dit cy-dessus en parlant de Mascambruno, appartient en proprieté aux Chanoines de la Santa Casa. Le peuple y paroît pauvre, il n'y a que de petits Merciers, des faiseurs de Chapelets & de Medailles, des vendeurs de cierges, des hostes & des gens qui loüent des chambres garnies. Elle porte le nom de Lorette à cause d'un petit bois de Lauriers qui estoit autrefois en lieu là.

Ce qu'on nomme la Maison de la Vierge ou *la Santa Casa*, n'est qu'une Chambre longue de 40 pieds, large de 20, & plus haute que large. On l'a fait voûter, parce que le plancher de bois estant tout sec & mangé des vers, on apprehendoit une incendie, par les cierges qui y sont continuellement allumez. Les murailles sont de forte brique, de prés de demy pied en quarré : la brique ne paroit qu'au dedans de la chambre ou Chapelle : car le dehors est richement environné de marbre, qui ne touche pas à la brique, de peur qu'il ne semble qu'on luy veuille donner de l'ayde & du soûtien. On dit qu'il ny a point de fondemens : mais cela ne peut pas paroistre, parce que le pavé est fort étroitement joint à la brique, & si en vouloit on pourroit aussi dire que cette chambre se soûtient en l'air deux doigts au dessus de terre, & on croit qu'elle fust apportée par les Anges de Galilée en Dalmatie, puis en la Marque chez deux Freres qui s'en rendirent indignes, & enfin là où elle est presentement. On a bâty tout autour une belle & grande Eglise, la Santa Casa estant en la place du Chœur & du grand Autel. Les Chanoines tiennent leur Chœur en une Chapelle à main droite. La statue de la Sainte Vierge est de bois, tenant son Fils entre les bras. Aux jours solemnels elle est parée d'une robbe ou simarre, parsemée de perles & de diamans, qui fut donnée par la defunte Infante Isabelle, & qui est estimée quarante quatre mille écus.

Il y a beaucoup de richesses dans le Tresor de l'Eglise. A la Santa-Casa il ne paroit qu'une grande fenestre, par où l'on dit qu'entra l'Ange Gabriel, mais derriere l'Autel on dit qu'il y en a encor une semblable. Il y a deux petites portes, & ordinairement on entre par l'une & on sort par l'autre. Le dehors qui est enfermé & revestu de marbre, est orné de statues, de Colonnes, & d'histoires de la Bible en bas reliefs. Leon X. Clement VII. & Paul III. en ont fait la dépense. Le principal ouvrier a esté le Sansovin excellent sculpteur.

Tous les piliers de la grande Eglise sont remplis de vœux rendus à Nostre Dame de Lorette, avec des Inscriptions en diverses Langues, jusqu'à l'Irlandoise, la Polonoise, la Suedoise, & la Moscovite. On trouve là comme à Saint Pierre de

Rome des Confesseurs pour toutes les Langues. Il y a un Medecin, un Apothicaire & un Chirurgien pour les pauvres Pelerins. L'Apothicairerie est fort belle, & tous les pots, qui sont en grand nombre sont de belle Fayence qu'ils appellent *Maiolica*. Ils ont tous esté donnez par Raphaël d'Urbin qui les a tous peints de belles Histoires. Ceux d'un costé de la salle representent des Histoires de la Bible, & ceux de l'autre des Fables & des Caprices. Quoy qu'il y ait plus de six vingt ans que ces pots servent & qu'on les manie tous les jours, le Coloris en est encore beau & vif, aussi sont ils de Raphaël. On void encore à Lorette la Fontaine & la statue du Pape Sixte. V

ANCONE.

Cette ville est à quinze milles de Lorette, elle est belle & grande. Les fossez & les Bastions en sont bons, & il y a deux Forteresses, qui commandent la Mer. C'est le plus beau Port & le plus asseuré qui soit sur la Mer Adriatique aprés celuy de Venise. La Mer fait là un coude, d'où est venu l'ancien nom *d'Ancona* car *Ancon* en Grec signifie le coude. Du temps des Romains ce Port estoit magnifiquement orné. Il y reste encore d'un côté du Mole l'Arc triomphal de Trajan, qui est un Ouvrage merveilleux. Il avoit esté dressé pour cét Empereur comme porte l'Inscription, en reconnoissance de ce qu'il avoit fait pour rendre l'accez de ce Port asseuré à tous les Vaisseaux. On trouve le dessein de cét Arc dans les Observations antiques de Gabriel Simeoni, & l'Inscription dans Gruterus. Il faut voir avant que sortir d'Ancone le Palais du Pape & la Loge des Marchands & de là se rendre à Senigaglia.

SENIGAGLIA.

C'est en ce lieu où les Gaulois Senonois furent defaits par Dolabella, ensuite dequoy on y envoya une Colonie Romaine. On l'appelloit *Sena Gallorum* ou *Gallica*, pour la distinguer de *Sena Etrusca*, ou Sienne de Toscane. La ville est bien fortifiée; il y a un bon Port & un grand Bastion qui le défend. C'estoit une ville appartenante au Duc d'Vrbin, il y avoit un fort beau Palais. Le Dome & S. Martin sont deux choses à voir.

Entre Senigaglia & Fano, s'embouche la riviere *Metremo*, jadis *Metaurus*, proche de laquelle les Consuls Marcus Livius & Claudius Nero defirent Asdrubal, & lui tuerent 56 mille hommes. Et prés delà fut encore défait Totila Roy des Gots, par le vaillant Eunuque Narses General de l'Empereur Justinien.

FANO.

Fano anciennement appellé *Fanum Fortunæ*, pour le beau Temple dedié à la Fortune qui y estoit. Cette ville a un Havre long & bien construit, mais l'embouchure en est fort étroite, & il n'y peut entrer que de fort petits Vaisseaux. Elle a le renom d'avoir les plus belles femmes d'Italie, *in Fano il piu bel sangue d'Italia.* J'y vis dans une Eglise deux défuntes exposées le visage découvert, l'une Religieuse d'environ trente ans, l'autre Bourgeoise plus jeune : toutes deux d'excellente beauté & qui ne paroissoient qu'endormies. Si les mortes y sont si belles, que doivent estre les vivantes ?

On voyage par là une couple de journées, sur le beau sable du rivage de la Mer Adriatique.

PESARO.

Pesaro est située dans le sable. C'est une ancienne Colonie Romaine, qu'on appelloit *Pisaurum*. La ville est belle & bien fortifiée, avec un Chasteau mediocrement fort. Le Port est fort bon : proche de la ville coule *Pisaurus* qu'on appelle aujourd'huy la Foglia. Le Palais du Prince est magnifique aussi bien que celuy des Gouverneurs. La Maison du Duc appellée Barcheto est accompagnée d'un beau jardin avec de belles fontaines. Celle de Millefleur est proche de la ville, on y void toute sorte de gibier, & de bestes fauves. Sous le Dome l'on voit le sepulchre de San Terentio Polonois, & dans la Chapelle del Nome di Dio un tableau du Barochio excellent Peintre, & dans S. André un autre du mesme.

Je vis à Pesaro le Signor Tamburini Docteur en Droit qui preparoit pour le Carnaval une Tragedie Sainte, que des Religieuses devoient reciter. Elle estoit belle & pathetique, quoy qu'en prose. Elle avoit toutes les delicatesses d'amour, & plus qu'il n'en falloit pour des Religieuses. Le Sujet estoit les Amours & la Penitence de S. Guillaume Duc d'Aquitaine, qui avoit enlevé & épousé la femme de son frere. Il y a dans cette ville un Theatre public que les honnestes gens ont fait bastir pour leurs exercices de belles Lettres, & pour les representations.

Il y a un Livre Latin des Constitutions de la ville de Pesaro intitulé *Statuta Civitatis Pisauri*, avec une Epistre dedicatoire d'Æmilio Mancini Docteur en Droit de Pesaro, dans laquelle il parle de François premier & le blâme d'avoir manqué de parole à Charles-Quint, aprés sa prison.

URBIN.

On laisse à main gauche *Urbin*, située sur un lieu élevé. C'estoit la capitale du pays & qui florissoit, quand il y avoit des Ducs. Le Chasteau est magnifique. On y void encore une assez belle Bibliotheque, où l'on conserve un portrait de Raphaël d'Vrbin fait de sa propre main, & une belle Bible Hebraïque en manuscript. Les statues des Ducs se voyent devant la place. Les Eglises sont assez belles, le Dome, Saint Dominique, & Saint Bernardin. L'on voit à Sainte Claire un tableau de Raphael, & à Saint François trois du Barochio.

FOSSOMBRONE.

Fossombrone qui n'est pas loin d'Vrbin, est l'ancien *Forum Sempronii*. Le Duc y avoit un Palais.

La

d'Italie.

La Maison de Ville y est assez belle.

Forlimpopolo, Forum Pompilii ou *Popilii* est à 3 milles de Fourly, & à sept milles de Cesena.

Castel Durante qui est un Chasteau des Ducs d'Vrbin a esté à ce que l'on dit, bâty par Guillaume Durant, Auteur du *Speculum Iuris*.

LA CATHOLICA.

Entre Pesaro & Rimini, à 10 milles du premier & 15 du dernier, l'on trouve un village ou petit bourg, qui vaut une bonne ville, pour l'honneur qu'il eut autrefois de recevoir en son sein l'abbregé du pur Christianisme persecuté par les Arriens, dans le quatriéme siecle, sous l'empire de Constantius. On l'appella depuis ce temps-là *Catholica*, comme il paroit par cette Inscription que Monsieur le Cardinal Spada, y a fait graver au dehors de l'Eglise S. Apollinaire, Paroisse du lieu, pour en conserver la memoire à la posterité.

F

Anno reparatæ salutis 359.

Liberio Pont. Max. Constantio Imp. Cùm hæreticorum fraudibus ingemiscens Orbis terrarum se Arrianum esse miratus esset Ex 400.tis Episcopis ad Synodum Ariminensem convocatis, perpauci Orthodoxi in hunc vicum ventitantes, ut seorsim ab Arrianis sacra facerent, & Catholica Communione Catholicos impertirent, occasionem præbuere ut vicus iste Catholica nuncuparetur, cujus nominis rationem, & totius rei gestæ memoriam Cæsar Cardinalis Baronius Annalibus Ecclesiasticis inseruit : Bernardinus Cardinalis Spada ad peregri-

nantium pietatem erudiendam, amorémque suum in patriam Provinciam testandum, hoc posito marmore indicavit, anno Domini 1637.

RIMINI.

Rimini qui est l'ancien *Ariminum*, derniere ville d'Italie, estoit voisine de la *Gallia togata* ou Gaule Cisalpine. Il y a un beau Pont de marbre de cinq Arcades sur la riviere *Marecchia*. Il a esté basty par Tibere pendant le regne de l'Empereur Auguste, comme il paroit par de grandes Lettres, gravées sur les grosses pieces de marbre du Parapet. Ce fut sur ce Pont qu'Auguste fit joindre les deux grandes voyes *Flaminia* qui venoit de Rome & *Æmilia* de Bologne, Parme & Plaisance. On acheva depuis la traverse de la Flaminienne jusqu'à la ville d'Aquilée, capitale du Frioul. Le Port d'Arimini, est à une portée de canon du Pont. Il estoit autrefois

F ij

fort beau, mais on l'a laissé perir & ensabler, de sorte qu'il n'y peut entrer que de petites Barques. Sigismond Pandulfe Malatesta Prince de Rimini, fit bastir en l'an 1450. la belle Eglise des Cordeliers San Francesco, des marbres que l'on tira des ruines de ce Port. J'ay vû un manuscrit en parchemin lequel on m'a assuré se trouver aussi imprimé; mais il est fort rare, intitulé *Liber Isotteus*, ce sont des Lettres en Vers Latins qu'il écrivoit à sa Maistresse Isotta pendant qu'il estoit à la guerre, & les réponses de mesme en distiques Latins *d'Isotta*. Ce n'estoit qu'une simple Bourgeoise de Rimini, qu'il aimoit pour sa beauté & pour son esprit. Le Jurisconsulte Vantius qui a écrit un Traité *de nullitatibus* a dans cette Eglise de San Francesco une riche Chapelle & un superbe tombeau.

La ville n'a qu'un fossé & de simples murailles sans aucune Fortification. On y voit les restes d'un Amphiteatre ancien de brique. L'Eglise de S. Julien où se conserve le Corps de ce Saint, est dans le Fauxbourg. On a mis la statue de bronze du Pape Paul dans la Place. Le Dome, Saint Augustin & San Marino où il y a de belles peintures, sont tres curieux à voir. La place du marché est assez belle, l'on y voit la tour de l'horloge & une pierre sur laquelle est écrit le lieu où Cesar harangua ses Soldats aprés avoir passé le Rubicon. L'Inscription n'en est pourtant pas fort ancienne. Proche delà il y a une Chapelle bastie en memoire d'un miracle fait par S. Antoine : & un reste d'Arc de triomphe antique avec quelques inscriptions.

A seize milles de Rimini & quatre de Cesena on passe sur un Pont la petite riviere du Rubicon, qui separoit autrefois l'Italie de la Gaule Cisalpine. Quelques Autheurs ne sont pas d'accord sur le nom qu'on donne à cette riviere, & pretendent que ce ne soit pas le Rubicon. Je croy pourtant qu'il en faut suivre le sentiment vulgaire, & je puis dire avec verité, qu'ayant trouvé tout

F iij

auprés un vieux paysan qui racommodoit une haye, je luy demanday, *Amico come si domanda questo fiumicello?* il me répondit, *Rubicone, Signor.* Ce qui fait voir que son ancien nom se conserve dans le pays. Il entre dans la Mer sous le nom de *Fiumicino*, aprés avoir receu deux petites rivieres *la Pisatella* & *il Borcone*.

C'est sur ce Pont que Cesar passa avec son Armée, nonobstant la défense du Senat. Comme il approcha de cette riviere, dit Suetone, il s'arresta un moment, & faisant un peu de reflexion sur le grand dessein, qui estoit de se rendre maistre de l'Empire, il se retourna & dit à ceux qui estoient proche de luy, nous avons la liberté de nous en retourner, mais si nous passons une fois ce petit Pont, il ne faut plus avoir de confiance que sur nos Armes qui ne doivent rien épargner. Ensuite estant confirmé par quelque bon presage, *la pierre en est jettée*, dit il, & estant passé, son Armée s'empara de l'Um-

d'Italie.

brie & l'Etrurie, d'où s'ensuivit la guerre civile, qui le mit sur le Trône.

On voit proche de ce Pont un Pilier où est écrit l'Arrest du Senat qui défendoit aux Generaux de passer cette riviere; & de ceder leur Armée à ceux que le Senat envoyoit pour la commander. Cette Inscription n'est pourtant pas l'ancienne, mais falsifiée & bâtarde, & peut estre imitée de celle qui y estoit autrefois. Neantmoins telle qu'elle est la voicy, pour éviter aux curieux la peine de la copier.

JUSSU MANDATUVE * P. R.
COS. IMP. MILES TIRO
COMMILITO MANIPU-
LARISVE TVRMÆVE
LEGIONARIÆ ARMATE
QVISQVIS ES HIC SISTITO
VEXILLVM SINITO NEC
CITRA HVNC AMNEM
RVBICONEM SIGNA ARMA

DVCTVM COMMEATVM
EXERCITVMVE TRADVCITO
SI QVIS HVIVSCE IVSSIONIS
ERGO ADVERSVS IERIT
FECERITVE ADIVDICATVS
ESTO HOSTIS P. R. AC SI
CONTRA PATRIAM ARMA
TVLERIT SACROSQVE
PENATES A PENETRALIBVS
ASPORTAVERIT

SANCTIO PLEBISCITI SENA-
TVSVE CONSVLTI VLTRA
HOS FINES ARMA PRO-
FERRE LICEAT NEMINI
S. P. Q. R.

* Populi Romani Consul Imperator.

Cesena est une jolie ville où il y a Vniversité. Son histoire est décrite fort exactement.

FURLI.

Furli, *Forum Livii* à dix milles de Cesena est une belle ville de la Romagne. Ce ne sont plus que Mazures que le Chasteau & la Tour, du haut de laquelle Catherine Sforze genereuse veuve du Comte de Furli troussa sa robbe aux yeux des assassins de son mary, qui la menaçoient d'égorger ses enfans sur le champ, si elle ne leur rendoit le Chasteau, & elle leur fit voir qu'elle en sçauroit faire d'autres. Cette action si extravagante en une femme si vertueuse imprima de la honte & de la terreur à ces mutins, & ils épargnerent ses enfans. Il y a beaucoup de pastel ou *guado* au territoire de Furli. On y commence déja à parler le patois Boulonois.

Dans la Romagne on mesure les terres par la *Tornatura*, laquelle a dix mille coudées en quarré. Elle se vend ordinairement cent écus, & on y seme 125 livres de grains. Et de 40 en 40 pas il y a des Vignes sur des rangs d'Ormeaux ou de

Meuriers blancs. De sorte que d'une mesme terre ils tirent du bled, du vin & de la soye, & en quelques endroits il y a des prez: outre cela ils ont du poisson de la Mer voisine & du bois des Apennins. Cent écus la *Tornatura*, c'est environ soixante écus la bicherée de Lyon.

RAVENNE.

Quand la saison est seiche, on peut facilement aller jusqu'à *Ravenne*, qui n'est qu'à 14 milles de Furli, & la ville est assez agreable. On y voit les tristes reliques de son ancienne splendeur. Il y paroit comme trois villes distantes l'une de l'autre de demy heure de chemin. Elles estoient toutes habitées du temps de l'Exarchat & des Roys Gots. Dans l'une demeuroient les gens de Marine: dans l'autre les Marchands, & dans la troisiéme les gens de qualité & de la Cour du Prince. L'Empereur Auguste y avoit fait construire un port, & y tenoit une Flotte pour la seureté du *Mare Superum*. C'est ainsi qu'on nommoit la Mer Adriatique. En hyver cette Flotte, c'est à dire les Soldats & les Matelots campoient tout auprés & formoient une espece de ville qu'on appelloit *Classis Ravennas*. Maintenant il n'y paroit presque aucune apparence de Port, tout estant dans le sable ou peut estre la Mer s'estant retirée.

On y a seché la pluspart des Marests, qui toutefois ne rendoient pas le lieu mal sain, non plus que ceux d'Alexandrie d'Egypte. La raison qu'allegue Strabon que ces Marests d'Alexandrie ne rendent pas le Pays mal sain, c'est parce que tous les Estez, l'eau du Nil qui est fort nette & fort saine, inonde le pays, & engloutissant ce Marécage, le purge & renouvelle son eau. On peut dire aussi qu'à Ravenne, la Mer soit en poussant ses flots par dessus, soit en penetrant le terroir par des pores & conduits soûterrains, entraîne insensiblement cette eau marécageuse, & l'empesche de croupir & de se corrompre. Neantmoins l'eau qu'on boit à Ravenne est mauvaise; mais le vin tres bon, dont le Poëte Martial a dit l. 3. 55.

Sit cisterna mihi, quam vinea malo Ravenna,
Cùm possim multò vendere pluris aquam.

Nostre gentil Evêque Sidonius Apollinaris raille eloquemment son amy Candidianus, sur son sejour en cette ville là, Liv. 1. Epist. 8. *Te*, dit-il, *Ravenna auribus Padano Culice perfossis municipalium ranarum loquax turba circumsistit. In qua palude indesinenter, rerum omnium lege perversâ, muri cadunt, aqua stant, turres fluunt, naves sedent, agri deambulant, Medici jacent, algent balnea, domicilia conflagrant, sitiunt vivi, natant sepulti, vigilant fures, dormiunt potestates, fœnerantur Clerici, Syri psallunt, negotiatores militant, milites negotiantur, Student pila Senes, alea juvenes, armis Eunuchi, litteris fœderati. Tu vide qualis sit civitas ubi tibi lar familiaris inco-*

litur, quæ facilius territorium potuit habere quàm terram.

Ravenne a esté durant 264 ans le siege de l'Exarchat, & a eu 16 Exarques, dont le premier fut étably l'an de JESUS-CHRIST 569. par le jeune Empereur Justin fils de Justinien. L'Exarque estoit un Souverain Magistrat que l'Empereur de Constantinople envoyoit en Italie, pour y gouverner & rendre justice, depuis qu'on n'y envoya plus un Consul, & que les Gots se furent emparez de Rome & de la meilleure partie d'Italie. Cét Exarque faisoit sa residence à Ravenne, & il y venoit ordinairement par Mer. Il ne commandoit que depuis Rimini jusqu'à Pavie en longueur, & depuis Vicence jusqu'aux Apennins en largeur. Tous les Exarques furent presque toûjours en guerre contre les Lombards. L'Eunuque Narsés irrité des affronts que luy avoit fait l'Imperatrice Sophie, les avoit fait venir de la Pannonie en Italie. Ils subjuguerent finalement Ravenne l'année 733, ou selon Onuphre l'an

750. Ils regnerent par toute l'Italie, excepté en la ville de Rome, que les Papes par adresse conserverent libre de cette domination estrangere, & puis en devindrent eux-mesmes les Maistres.

Enfin les Lombards & leur Royaume furent exterminez par Pepin & son fils Charlemagne, lequel voyant l'Empire d'Orient demembré depuis long-temps & sans autorité en Occident, releva cette puissance Imperiale, & s'accordant sagement avec le Pape Adrien, il fut couronné à Rome Empereur d'Occident. Les Papes on dit dés ce temps là, qu'il leur avoit laissé en recompense la ville de Rome & l'Exarchat de Ravenne, qu'ils ont depuis appellez Romagne, dont ils sont demeurez paisibles possesseurs.

Il ne sera pas hors de propos de remarquer en cét endroit, que ce qui a donné entrée dans l'Italie durant tant d'années, à tous ces peuples barbares, Huns, Gepides, Vandales, Gots, Visigots, Ostrogots, Pannoniens & tant d'autres

d'Italie. 135

Nations Septentrionales, ç'a esté par la faute que fit le grand Constantin, lors qu'estant venu heureusement à bout de toutes ces especes de barbares, qui se trouverent de son temps, il ne crut pas qu'ils pussent jamais se relever; & sans songer que le Septentrion est fertile en gens vigoureux, il dégarnit les Frontieres des fortes Garnisons que ses Predecesseurs y avoient sagement establies. L'Empereur Auguste tenoit ordinairement quinze Legions sur les bords du Rhin & du Danube. On excuse Constantin sur la crainte qu'il avoit de l'invasion des Perses dans Constantinople : mais en voulant sauver sa nouvelle Rome, il fit perdre l'ancienne à ses successeurs.

Ce fut l'an de Nostre Seigneur 801 que Charlemagne fut couronné Empereur d'Occident par le Pape Leon III. dans l'Eglise S. Pierre du Vatican. Aprés quoy l'acclamation solemnelle fut en ces termes au raport d'Onuphre: *Carolo Magno Imperatori Cæsari Augusto Piissimo & Pacifico à Deo Creato, vita &*

victoria. On en voit encore à Rome un monument authentique au Palais des Penitenciers de Saint Jean de Latran. C'est une Mosaïque ancienne de ce temps-là, où est assis Saint Pierre ayant à sa droite le Pape Leon, & ces mots SCISSIMVS DN. LEO PP. & à sa gauche Charlemagne avec ces mots DN. CARVLVS REX, tenant un Enseigne de guerre semée de roses que S. Pierre semble luy donner. Sous le marchepied de Saint Pierre sont écrites trois lignes dont il ne paroit que

.... DONAS
.... BICTO
....

Onuphre dans son Livre des sept Eglises dit qu'il y a

.. BEATE PETRE ....
LEONI PAPÆ BITORIA
CAROLO REGI

Cét Auteur quoy qu'exact, & sçavant ne dit pas une chose remarquable, sçavoir que cette Imperatrice de Constantinople Irené, dont il fait tant de cas, fit ensuite rechercher en mariage Charlemagne, afin de joindre ensemble les deux Empires d'Orient & d'Occident. Mais ce Prince avoit cette femme en horreur, parce qu'elle avoit dépouillé son propre fils de l'Empire aprés luy avoir fait crever les yeux. Elle fut châtiée à son tour, car elle perdit la couronne & fut reléguée en l'Isle de Lesbos par Nicephore qui se fit Empereur. Charlemagne fit amitié & alliance avec luy s'appellant Freres & Empereurs, ils avoient pour bornes entre leurs deux Empires les terres de Venise ville libre.

Avant les Lombards, les Gots avoient occupé l'Italie : car incontinent aprés la mort de l'Empereur Augustule, Odoacer se fit couronner Roy d'Italie, & fut Maître de Rome l'an de Jesus-Christ 479. Il y eut neuf Roys Gots l'un aprés l'autre, Theodoric fut le second, Totilas le huitiéme, & Theias le dernier. Il fut tué & défait par l'Eunuque Narses, qui extermina tout ce qui restoit des Gots: mais en échange il fit venir de Pannonie les Lombards, comme nous avons dit cy-devant, & c'estoit pour se vanger, de ce que l'Imperatrice Sophie luy avoit envoyé par derision une quenoüille, comme estant plus seante à un Eunuque qu'une épée. Il se vanta qu'il fileroit d'étranges choses sur cette quenoüille, & ne tint que trop sa parole.

Theodoric estoit Roy des Ostrogots, & fut fort aimé de l'Empereur Zenon, qui le fit venir à Constantinople, & luy donna le commandement des armes en Italie contre Odoacer, qu'il défit en quatre batailles & il mourut dans *Ravenne*. Ensuite par le consentement ou par les ruses d'Anastase successeur de Zenon, Theodoric se fit couronner Roy d'Italie l'an de Nostre Seigneur 495 & regna 35 ans. Il estoit maître absolu dans Rome: respectant beaucoup le Pape, & gardant de grandes mesures avec l'Empereur qui estoit à Constantinople, il se tenoit la plus part du temps à Ravenne. Neantmoins nous voyons que le Senateur & Consul Cassiodore parle ainsi de luy en sa Chronique : *Hoc anno Dominus noster Rex Theodericus Romam cunctorum votis expetitus advenit & Senatum suum mira affabilitate tractans Romanæ Plebi donavit annonas &c. sub cujus felici imperio plurimæ renovantur urbes.* Il laissa pour successeur son petit fils Athalaric sous la tutelle de sa Mere, sa fille la genereuse Amalasonthe, digne devanciere de sa fameuse compatriote la grande Christine Reyne de Suéde, maintenant plus que Reyne, puis qu'elle a quitté volontairement un grand Royaume, aprés avoir donné la paix à l'Allemagne.

On void à Ravenne la belle Eglise S. Apollinaire, autrefois S. Martin qu'on appelle le Ciel d'or. Elle est magnifique & a esté bâtie par le Roy Theodoric, à double rang de Colonnes qu'il fit venir d'Orient & de Rome. Il y a dedans des anciennes Mosaïques & entr'autres la tefte de l'Empereur Juftinien tirée en Mofaique. Les veftiges du Palais de Theodoric font proche de l'Eglife.

L'Eglife de Saint Vital eft l'Archiepifcopale. Il y avoit fur le grand Autel un Ciel d'argent de la valeur de 36 mille écus, mais il fut pillé lors du Sac de Ravenne, aprés la mort de Gafton de Foix. Il y a auffi un Autel de Chalcedoine & un puits, dans lequel fe conferve le corps de Saint Vital. Au dehors il y a quelques ftatues Romaines, & dans le jardin deux fepulchres l'un de l'Imperatrice Galla Placidia fille de Theodofe, & l'autre de fes deux enfans. Dans la petite Eglife appellée du Saint Efprit l'on void une feneftre, par où aprés le fiecle des Apôtres, une Colombe defcendoit fur la tefte de celuy qui eftoit le plus digne d'eftre Evêque, & de cette forte furent élens les onze ou douze premiers, qui y font peints.

L'Eglife de S. Jean n'eft pas une des moins belles. La Porte en eft remarquable. Il y a encore celle de d'Italie. 141

S. André. La place de la ville est belle, & le Palais du Pape est beau & commode. Dans une autre place est la statue d'Hercule Astrologue, qui porte sur la teste un horloge solaire. Il y a quelques restes d'antiquité à la *porta aurea*. On voit encore l'Eglise Santa Maria in Porto & Saint André. Le Poëte Dante estant banny de Florence, mourut à Ravenne où est son sepulchre dans le Convent de S. François. Les vers qui suivent sont sur son tombeau & sont tres beaux.

Iura Monarchiæ, superos, Phlegetonta lacúsque
Lustrando cecini voluerunt fata quousque :
Sed quia pars cessit melioribus hospita castris,
Actoremque suum petiit feliciter astris,
Hic claudor Dantes Patriis extorris ab oris,
Quem genuit parvi Florentia mater amoris.

Sainte Marie Rotonde est hors

la ville, c'est une petite Eglise toute ronde, dont le toit est d'une seule pierre de 35 pieds de diametre, percée par le milieu. Ce fut dessus qu'Amalazonte avoit mis le riche cercueil du Roy son Pere, qui fut pillé au Sac de Ravenne.

A trois milles de la ville sur le chemin de Furli, au bord de la petite riviere Ronco, il y a une croix élevée qui marque que ce fut là que Gaston de Foix fut victorieux & mourut. Sur le chemin de Rimini on laisse a main gauche la grande Forest de Pins, & un peu plus avant la petite ville de Cervia où sont les belles Salines du Pape.

FAYENCE FAENZA.

Fayence que les Italiens appellent *Faenza* & les Latins *Faventia*, est une jolie ville de la Romagne située dans la plaine entre Furli & Imola, à dix mille de l'une & de l'autre. C'est là où l'on fait quantité de cette belle vaisselle de terre blanche que les Italiens appellent *Majolica*, & nous vaisselle de Fayence : dont la façon & l'usage s'est introduit à Nevers par les Domestiques de leurs Ducs de race Italienne.

Les François ne sont pas en bonne odeur à Fayence. Les Bourgeois se souviennent tous les ans d'eux, lors qu'ils marient deux pauvres filles aux dépens du public, en execution d'un vœu qu'ils firent, lors que François Duc de Guise faillit à saccager leur ville, conduisant une armée au Royaume de Naples en 1557. Ils ont fait graver l'Inscription contre un des Pilastres de la grande Eglise en ces termes.

D. O. M.

Ab imminente ex Gallis & Helvetiis, qui sub Guisa Duce in Italiam venerant, periculo, civitas Dei benignitate liberata, decrevit ut quotannis præter trium dierum supplicationes à Kal. Martiis inchoandas, duabus puellis nubilibus, ex ipsa civitate oriundis, dos ex publica pecunia daretur.

Anno D. M. D. LVII.

Et sur un autre Pilastre vis à vis, il y a une plus ancienne Inscription qui fait mention d'une autre delivrance des François : *Civitas à Gallis liberata* MDXII. avec un vœu que la ville fait celebrer tous les ans, par la feste de plusieurs Saints. C'estoit l'année que Gaston de Foix ravageoit la Romagne. Je ne m'estonne pas de celuy-cy ; car alors le Pape Jules II. estoit ennemy declaré de la France, & fit battre des pieces d'or avec cette Inscription BONONIAM JVLIVS PAPA A TYRANNO LIBERAT, & en mesme temps il avoit excommunié le Roy de France Loüis XII. qui pour luy rendre la pareille, fit faire des écus d'or avec ces paroles PERDAM BABYLONIS NOMEN. Mais du temps du Duc de Guise, la France estoit fort bien avec le Pape, & mesme trop bien pour nostre honneur. Car à l'instante sollicitation de Paul IV. & de son Legat & Neveu le Cardinal Caraffe, les François se firent grand tort, en rompant la tréve,

qu'ils

qu'ils avoient un peu auparavant jurée pour cinq ans. Le Legat donna au Roy Henry II. dispense de son serment, & porta sur les fonds l'une des filles bessonnes, dont estoit accouchée la Reyne Catherine de Medicis, donnant à cette fille par bravade le nom de Victoire; l'autre fut nommée Jeanne : mais l'une & l'autre moururent peu aprés; & tant en France qu'en Italie la victoire nous abandonna : car le Connestable Montmorency perdit la bataille de S. Quentin, & Monsieur de Guise s'en revint du Royaume de Naples & de Rome avec ses Troupes delabrées; remportant ce témoignage de la bouche du Pape, qu'il avoit peu fait pour son Roy, peu pour l'Eglise, & tres peu pour sa reputation. Je croy que c'est sur ce petit mécontentement du Pape que ceux de Fayence oserent mettre cette Inscription dans leur Eglise : car aprés tout, lorsque Monsieur de Guise y avoit passé, elle estoit ville amie, sujette au Pape, & qui apparemment avoit seulement pris l'alar-

G

me sur les desordres des gens de guerre, qui en prennent au besoin sur leurs amis & sur leurs ennemis.

Hors de la grande Eglise de Fayence, il y a une autre belle & longue Inscription, qui fait connoistre la vigueur & le zele de cette petite ville pour le Pape son Souverain: lors qu'à la guerre de Ferrare entre Clement VIII. & Dom Cesare d'Este l'an 1598, elle nourrit & logea durant quelques semaines la grande Armée du Pape qui alloit assieger Ferrare, & qui estoit composée de 24 mille hommes de pied, & trois mille chevaux, sous la conduite du Cardinal Aldobrandin. Il y a à la fin, que Lucrece d'Este Duchesse d'Urbin sœur de Dom Cesare, fit conclurre la paix, pour asseurance de laquelle ce Prince donna son fils en ôtage au Pape.

A l'un des bouts de la ville de Fayence, il y a un hospital pour les pauvres petits enfans exposez, & sur le Portail cét écriteau. *Quos parentum impietas, paupertas, pudorve repulit, pietas hujus loci nothos recipit.* La ville n'a que de simples murailles. La place, le Palais & la Tour de l'horloge sont tres curieux.

Le pays de Romagne abonde en voleurs, quoy qu'on en fasse bonne & severe justice. Les gibets des grands chemins en sont tous remplis. C'est la coûtume aprés les avoir fait mourir, de leur couper la teste, & mettre le corps en quatre quartiers, qu'on clouë à ces grands gibets, où on les laisse pourrir. Nous vîmes prés d'un chemin étroit, un de ces Atteliers, où pendoit avec plusieurs autres un de ces pendarts, qui forçoit les passans le pistolet à la main de luy donner de l'argent, afin, disoit il, de faire dire des Messes, pour les Ames de ces pauvres pecheurs qui estoient pendus.

IMOLA.

Imola est l'ancien *Forum Cornelii*, & les habitans *Foro-Cornelienses*. Ils prennent ce nom de Cornelius Sylla leur Fondateur. C'est une belle ville & mediocre en grandeur, il y a un Archevêque riche. Nous avons

G ij

vû qu'à la creation d'Innocent X. pour avoir la voix d'un Cardinal, il falut promettre l'Archevêché d'Imola, dont on difoit en raillant, *& immolatus eft*. La ville n'eft point fortifiée, il n'y a que des murailles & des foffez. Le Dome où il y a un beau Crucifix eft à voir. Sous le Chœur il y a une petite Eglife, l'on y voit trois corps Saints.

BOLOGNE.

Bologne eft à 20 milles d'Imola, & fait à part un gouvernement ou Legation Papale. C'eft une ville belle grande & riche, & la plus confiderable de toutes celles du Pape aprés Rome. Elle eft située en un fi bon pays qu'on la nomme *Bologna la graffa*. A trois milles au tour elle eft fournie de belles maifons champeftres, les plus delicieufes font fur la croupe des collines de l'Apennin, qui s'étend jufqu'auprés de Bologne; & rend en Efté la Campagne fraîche & fort agreable. Elle eft arrofée d'un ruiffeau qui s'appelle le Rein, *il Reno*, lequel fe joignant avec une autre petite riviere porte des Barques assez grosses jusques dans le Po ; & encore ailleurs comme à Ferrare, avec l'ayde de quelques canaux artificiels, Ecluses & Marests.

Il y a une fort ancienne & celebre Vniversité, dont le lieu qu'on appelle *lo Studio* est fort beau, & une partie a esté bâtie par le Cardinal S. Charles Borromée. Au devant desdites estudes, il y a un beau grand portique soûtenu de grand nombre de Colonnes de marbre. Presque toute la ville est garnie de Portiques pour marcher à couvert par les ruës : mais un des plus grands ornemens de la ville est le nombre de beaux & grands Palais, qui neanmoins ne sont la plus part que de brique, parce que le marbre ne s'y employe guere que pour le dedans des maisons, qui de cette maniere sont plus magnifiques au dedans, que par dehors. L'architecture en est particuliere, ce qui contente beaucoup l'esprit & la veuë. Je laisse à part la quantité de beaux tableaux & de meubles superbes, qui font aller du pair cette opulente ville avec quelque autre que ce soit. Il ne faut pas estre surpris de ses richesses, puis qu'outre la fertilité du terroir & sa situation commode, elle abonde en Negocians & en Manufactures; beaucoup de Colleges, le siege & residence d'un Legat, & celuy de la Iustice. Aussi a t'elle donné plusieurs Papes à l'Eglise, & mesme trois dans l'espace de 80 ans, sçavoir Gregoire XIII. Innocent IX. & Gregoire XV.

La famille des Bentivogles y commandoit du tems de nos ayeux, mais elle a esté comme étoufée par les Papes, qui n'y ont pas seulement laissé leur Palais entier. Il y a 35 ou 36 ans, qu'elle se vid sur le point de se relever, lors qu'aprés la mort du Pape Urbain VIII. le Conclave pancha quelque temps du côté de l'excellent Cardinal Bentivoglio; mais la mort le ravit dans le temps de ses esperances, ou plustost des esperances de tous les gens de Letres, qui auroient vû revivre sous luy le siecle de politesse.

Il y a dans Bologne quantité de belles Eglises. La plus grande & la plus magnifique est celle de S. Petrone. Elle est bâtie sur une des faces de la grande place, & sur une autre face est bâty le Palais des Papes, où le Legat fait ordinairement sa residence. Dans cette Eglise est le tombeau du fameux Gratien qui a compilé les Decretales en 1151. Quand on y prêche ou dans d'autres grandes Eglises, on dresse des toiles à hauteur convenable, qui enferment la Chaire & l'espace à peu prés que peuvent tenir les Auditeurs afin que la voix ne se perde.

Saint Pierre est la Cathedrale. Le Cardinal Ludovisio y a fait mettre l'effigie en marbre du Pape Gregoire XV. où il dit de luy entre autres choses, *Qui perpetuus pacis Autor, suasor & propugnator, Italiam ab hostili Barbarorum invasione liberavit.* Il siegea depuis l'an 1621. jusqu'à 1624. dont je vous laisse à penser, qui il entend par les Barbares. Ce ne sont pas les Suédois qui ne firent parler d'eux que depuis l'an 1630. mais Monsieur le Connétable de l'Ediguieres alla cottoyer en 1624. la frontiere de Genes. Ce Pape n'estant encore que Cardinal, Ludovisio l'avoit connu aux guerres de Piémont, & craignoit fort qu'il ne vint mettre pied en Italie.

Dans l'Eglise S. Laurent sur le Portail en dedans est cette dedicace à Nostre Seigneur gravée en marbre.

Salvatori uni & soli Deo Deorum, Regique Regum optimo Maximo Incomparabili Templum à regularibus ejusdem Canonicis in omne ævum pro thure & victimis oblatum anno salutis 1623.

Et dehors de l'Eglise en maniere d'écriteau est écrit en fort gros caracteres.

REGNANTE PAVLO V. SANCTISS. ET SAPIENTISS. TOTIVS CHRISTIANI

ORBIS MODERATORE

Au devant du Palais du Pape est attachée au mur une grande table de cuivre, sur laquelle est écrite la ceremonie du couronnement de l'Empereur Charles-Quint par le Pape Clement VII.

Clemens VII. Pont. Max.

Vt Christianæ Reipub. statum reformaret, cum Carolo V. Cæs. Imp. Bononiæ congressus est. In hanc urbem Cæs. non. Novemb. anno à Christi natali 1529. introiit, pro Templi foribus de more Pont. Max. adoravit, ejus hortatu & consilio cùm restituto in Mediolani avitum Regnum Francisco Sfortia, ac Venetis pace data, cuncta Italiæ ocium ac tranquillitatem optatam reddidisset, & Imperii coronam hoc pompa ordine accepit. Fenestra hæc ad dexteram, fuit Porta Prætoria, & egressus

G v

Cæsar per Pontem sublicium in ædem D. Petronii deductus, sacris rite peractis, à Pont. Max. auream coronam Imperii, cæteráque insignia accepit. Inde cum eo triumphans, exercitu ornatiss. præeunte, urbem perlustravit. Cùm ambo in eodem Prætorio totam hyemem conjunctiss. de summa rerum deliberantes egissent, Cæsar post suum adventum mense V. in Germaniam ad tumultus impiorum civium sedandos, & bellum Turcicum cum Ferdinando Fratre Pannoniæ Rege apparandum profectus est.

Hujus rei monimentum hoc, Innoceentio Cibo Cardin. Legato Autore, Vberto Gambara Vrb. Præf. referente, S. P. Q. B. extare voluit, non. Novemb. 1530.

Le Cardinal Gaspard Paleotto, estant Archevesque de Bologne, fit rebâtir le Palais Archiepiscopal tout à neuf. Les paroles suivantes d'Italie. 155

sont au tour d'une galerie, & on les lit de la basse cour : *Episcopus es, dilige decorem domus, quam dedit tibi Dominus ut in domum non manufactam unà cum grege ille te recipiat.*

L'on m'assûra que Messieurs les Marescots de Paris sont originaires de Bologne. J'ay vû dans la belle Eglise de S. Dominique deux grands velours noirs, qui pendent de la Nef à droit & à gauche, où sont les noms & les armes de deux ou trois freres Marescots, dont l'un nommé Annibal est qualifié Docteur és Droits & Protonotaire Apostolique: l'un des deux autres estoit Chevalier de Malthe, & le troisiéme estoit Evêque. Sur l'un des velours on lit ces paroles *Annibal Marescotius I.V.D. & Protonotarius Apostolicus, Ioanni Aloysio Episcopo Strong. Fratri dilectissimo*, & sur l'autre *Annibal Marescotius............ Senatoris & F. Vincentio Equiti Hierosol. Fratribus amantissimis.* On y conserve precieusement le Corps de S. Dominique, & dans un autre endroit un puits qu'il a fait bâtir, & un Cyprés

G vj

qu'il a planté de sa main. A l'entrée du Cloître des Dominicains, prés de la porte à main droite l'on trouve le tombeau du celebre Mathematicien *Iean Maginus*, où il est remarqué qu'il avoit prédit sa mort à cause d'un certain aspect de la Planette de Mars qui luy estoit de mauvais presage. Son Successeur à la Chaire de Mathematique luy a fait dresser ce tombeau. En voicy les termes.

D. O. M.

Io. Antonio Magino Patavino qui è patria ad supremam Mathematicarum sedem in Academiam Bononiensem advocatus cùm multis annis voce & scriptis quibus fulgebat doctrinæ radiis universum penè orbem illustrasset tandem infestis Astrorum Solis ad corpus Martis quos sibi prænoverat obtutibus concedens, maximum sui posteris reliquit desiderium.

d'Italie. 157

Vix Ann. XXXXXI. menſ. VII. D. XXVIII. horam 1. obiit ann. 1617. *tert. Idus Febr. Sole currente prope diametrum Martis & circa Exagonum Saturni, Io. Ant. Roffenus Philoſ. pub. profeſſor & Mathematicarum ſcientiarum ſtudioſus ne tanti viri famam tempus edax abſumeret, hoc præceptori ſuo grati animi monumentum ære proprio P. C. Anno Domini M. DC. XVIII.*

L'on y void l'Epitaphe de *Iean Andreas* celebre Jurisconsulte mort en 1348. qui a écrit le *Speculum Iuris* & le *Clementis Novella.* Celle de *Iean de Imola*; & celle d'Alexandre *de Tartagni* qui a écrit pluſieurs Livres de Droit, mort en 1477. ſon cercueil eſt d'un marbre bien travaillé & orné de ſculpture: un des plus conſiderables ouvrages qui ſoient dans cét Egliſe, c'eſt le tombeau avec la ſtatue d'Henrio Roy de Sardaigne fils de l'Empereur Henry II. que les Bolonois garderent 22 ans prisonnier de guerre. Voicy son Epitaphe.

Viator, quisquis es, siste gradum, & quod scriptum est perlege: ubi perlegeris pensita. Hoc is cujus causa scriptum est, fieri rogat. Orto inter Bononienses & Mutinenses bello, Cæsar Henricus II. Rom. Imp. filium Henricum Sardiniæ & Corsicæ insularum Regem Mutinensibus suppetias ferre jubet; qui inito apud D. Ambrosij pontem certamine à Bononiensibus capitur, nulláque re ut dimittatur impetrat: cùm pater minis, deinde precibus & pretio deprecatoribus uteretur, cum tantum auri pro redimendo filio polliceretur, quantum ad mœnia Bononiæ circulo aureo cingenda sufficeret. Sic capivus XXII. annos, menses ix. dies xvi. tenetur, aliturque regio more, publicâ Bononiensium impensâ. Sic defunctus munificentissimè funeratus, sic tumulatur. Præterea simulacrum hoc in perpetuum & hosti & captivo monumentum S. P. Q. Bononiensis posuit, anno salutis 1272. 2. Id. Martii. Hoc volebam ut scires: abi ac vale, positum ære publico Ioan. Francisco Aldrovando dictatore.

Pour apprendre la longueur de la ceinture ou cercle d'or dont l'Empereur offroit d'entourer les murailles de Bologne pour la rançon de son fils Henrio ou Henriet, vous sçaurez que cette ville à cinq milles de tour & davantage, car elle a de longueur deux milles & de largeur un peu plus d'un mille, si bien que quand cette chaine d'or n'auroit eu de solidité, que ce qu'il faloit pour la rendre maniable, jugez de quel prix elle eust esté? Les Bolonois n'en voulurent rien faire & les Guelphes furent assez cruels pour laisser mourir en leur prison un Prince courageux, qui estoit tombé bien jeune entre leurs mains, plutost que d'user envers luy d'humanité qui ne doit jamais quitter les gens de cœur. Cét Henrio Roy de Sardagne fut pris en cette guerre, qui est si agreablement décrite en style heroïque burlesque, par le Poëte Italien Alessandro Tassoni, en son poëme de la *secchia* ou *seau à puiser de l'eau*, qui fut l'occasion d'une forte guerre entre *i Petroni* & *i Geminiani*, c'est à dire entre les Bolonois & les Modenois, qui ont pour Patrons S. *Petrone* & S. *Geminien*.

Il y a dans Bologne une Confrerie des agonizants. Le beau, grand & magnifique Convent de *Saint Michel in Bosco*, de l'ordre du Mont-Olivet est en un lieu élevé hors de la ville, à la portée morte du canon. Je dis morte parce que dans l'Eglise il est remarqué en un marbre que ce lieu fut rétably, il y a soixante ou quatre vingts ans, par le consentement de Messieurs de Bologne, aprés qu'ils eurent connu, par l'épreuve qui en fut faite, que la ville n'en pouvoit estre endommagée: ce qui ne se peut expliquer que du canon, encor qu'il ne le specifie point. Ce lieu se nomme *in Bosco*, à cause d'un petit bois de chênes qui est au dessus. De la plate-forme qui est devant l'Eglise, on découvre une veuë tres agreable. Bologne y paroit en toute sa longueur & ressemble veritablement à un Navire, dont le grand Mast est representé par la haute Tour *de gli Asinelli*, & le plus petit Mast par la tour *de la Garisenda*, que l'Architecte a pris plaisir de faire panchante comme celle de Pise. Les Loges peintes par Carrache & par ses éleves sont tres curieuses à voir, & dans l'Eglise un beau tableau du Chevalier Guarcini.

L'Vniversité ou Etude de Bologne, dépuis l'Empereur Theodose le jeune qui la fonda environ l'an 430. à presque toûjours fleury, si ce n'est sous quelques Roys Barbares ; aprés lesquels Charlemagne la rétablit, & puis Lothaire sous lequel Irnerius commença a y expliquer le droit Romain. Il y a dans des sales dudit Etude un monument d'honneur dressé de son vivant à

Gabriel *Tagliacozzo*, cét admirable Medecin & Chirurgien, qui avoit le secret de faire rejoindre des nez, des oreilles, des levres, & autres petits membres, quand ils estoient tombez par accident. Le Iurisconsulte *Azon*, qui mourut en 1200 a son tombeau à la Tour de S. Servat: & prés le cimetiere de S. François l'on voit celuy du fameux *Accurse* Jurisconsulte natif de Florence & Professeur à Bologne qui est surnommé le Glossateur, à cause des Gloses qu'il a compilées. Monsieur *Scharpius* Ecossois qui avoit esté Professeur en Medecine à Montpellier, le fut ensuite à Bologne, où l'on croit qu'il fut empoisonné par l'envie de ses Collegues. D'autres m'ont assuré qu'il mourut de peur : car revenant un jour en carrosse de voir quelque malade à la campagne, il apperçeut quelques Bandits qui le suivoient. Ce qui l'obligea de faire hâter son cocher & de se rendre à Bologne au plus vîte, ensuite dequoy estant arrivé chez luy & ne pouvant pas bien se remettre de la peur, il se mit au lit, & pris une fiévre qui l'emporta dans peu de jours.

Il y a fort long-temps que les Bolonois n'ont plus de Citadelle. Les murailles de la ville sont de brique & mediocrement fortes. Ils se vantent que quand Charles de Bourbon alla saccager Rome, ils montrerent à son passage tant de fermeté, qu'il n'osa les attaquer: mais ils ne disent pas qu'il ne faisoit pas conduire d'Artillerie, pour l'empressement qu'il avoit d'aller surprendre Rome, estant assuré qu'il en trouveroit assez, pour le dessein qu'il avoit de conquerir le Royaume de Naples.

Bologne est une ancienne Colonie Romaine, & fut nommée *Bononia*, non pas par un Roy nommé *Bonus*, comme quelques-uns se l'imaginent; mais plûtost comme dit le Sçavant Marc Velser Patrice d'Ausbourg, par la coûtume qu'avoient les Fondateurs Romains, de donner aux villes ou leurs noms, ou des noms agreables & de bon augure, les

Colonies de *Placentia*, *Faventia*, *Pollentia*, *Valentia*, *Florentia* & *Beneventum*, en sont des exemples.

A Bologne & en plusieurs autres lieux d'Italie, ceux qui n'ont point de vignes, ne laissent pas de faire du vin dans leurs caves. Ils achetent plusieurs charges de raisin, & chacun a chez soy une Cuve de bois ou de pierre, & fait son vin selon son goust. La plus part y mestent de l'eau en le faisant, environ un tiers ou la moitié; autrement il seroit trop violent & trop épais : c'est pourquoy ny les femmes ny les enfans ne mettent point d'eau dans leur vin quand ils veulent boire : la plufpart des Medecins soûtenant, que cela seroit mal sain, & qu'il vaudroit mieux boire de la bonne eau toute pure. Comme cette ordonnance flatte assez le goust, elle accommode tout le monde.

On fait à Bologne par dessus toutes les autres villes d'Italie d'excellens saucissons gros & petits;

on y fait auſſi de la bonne moutarde ; mais celle de Serignano ou Savignano qui eſt un Bourg entre Rimini & Ceſena l'emporte par deſſus toutes les autres. Ils y mélent quantité d'agreables ingrediens comme de fleur d'Orange confite, avec du vin doux. Elle s'y vend là & à Veniſe dix ſols de France la livre de 12 onces. Les ſavonettes de Bologne ſont en reputation, auſſi bien que les petits chiens. On dit qu'ils leur frottent les jambes de certaine huyle pour les empeſcher de croiſtre ; & les Allemands qui ſont grands ſpeculatifs, recherchent ſi ce ſecret pourroit eſtre employé parmy les hommes à faire des Nains.

On me mena dans l'Egliſe des Religieuſes de Sainte Claire, où l'on void le corps d'une Religieuſe Beate, qui eſt encore tout entier, quoy qu'elle ſoit morte depuis deux cents ans. Il y a d'autres Egliſes qui meritent d'eſtre viſitées ſi l'on fait quelque ſejour dans la ville, comme les *Capucins*, le

Convent *de i Servi*, sans oublier les Hôpitaux de la mort & de la vie, il y a à Saint Iean *in Monte* un tableau de Sainte Cecile de la main de ce grand maître Raphael.

Au devant de l'Eglise de S. Procule, il y a une Epitaphe d'un certain Procule, sur lequel la cloche de cette Eglise tomba & le tua, ce qui y a fait ajoûter ces deux Vers, ou cét espece de *Rebus*.

Si procul à Proculo Proculi campana fuisset:
Iam procul à Proculo Proculus ipse foret.

On doit voir, si l'on en peut obtenir la permission, le cabinet du fameux Aldrovandus, qui a écrit tant de Volumes touchant les animaux. Il est dans le Palais, & il est remply d'une infinité de curiositez naturelles & d'animaux rares.

Nous sortîmes de Bologne pour aller voir une maison de campagne appartenant au Senateur Volta, où l'on void une belle Inscription demy antique, dont l'Enigme a donné

d'Italie.

beaucoup d'exercice à plusieurs gens d'esprit, qui ont écrit sur ce sujet plusieurs Volumes. La voicy fidellement copiée.

D. M.

Ælia Lælia Crispis, nec vir nec mulier, nec androgyna, nec puella, nec juvenis, nec anus, nec casta, nec meretrix, nec pudica, sed omnia: sublata neque fame, neque ferro, neque veneno, sed omnibus: nec cœlo, nec aquis, nec terris, sed ubique jacet. Lucius Agatho Priscus nec maritus, nec amator, nec necessarius, neque mœrens, neque gaudens, neque flens, hanc nec molem, nec pyramidem, nec sepulchrum, sed omnia: scit & nescit cui posuerit. Hoc est sepulchrum, intus cadaver non habens. Hoc est cadaver, extra sepulchrum non habens. Sed cadaver idem est, & sepulchrum sibi.

Quelques curieux l'ont expliqué & ont dit que c'est la Mere Nature ; d'autres la matiere premiere ; quelques esprits guays, l'Amour ; & les Alchymistes la pierre philosophale. Pour moy je l'expliquerois de la cervelle de l'Auteur, qui renfermoit quelque esprit bizarre & capricieux.

Si en sortant de Bologne au lieu de descendre à Ferrare qui n'en est éloigné que de vingt & sept milles, on veut remonter par la voye Æmilie, on pourra voir Modene, Reggio, Parme & Plaisance.

MODENA.

Modene en Latin *Mutina* à 21 milles de Bologne est une jolie petite ville dans la plaine bâtie proche des ruines de l'ancienne, qui fut de son temps une celebre Colonie Romaine, fondée en mesme temps que Parme. Son Souverain est de la Maison d'Este. L'an 1597. Alfonse d'Este second du nom étant decedé sans mâle legitime, & ayant par Testament declaré pour Successeur

seur Dom Cesare fils naturel de feu son frere Alfonse I. le Pape Clement VIII. s'y opposa avec une Armée de 24 mille piétons & 3 mille chevaux: faisant par tout entendre que Ferrare estoit un fief de l'Eglise, & qu'il estoit prest d'aller en personne jusques dans le fossé de la ville en habit pontifical, le Saint Sacrement entre les mains, pour y vaincre ou mourir. Dom Cesare fut mal soûtenu des Princes, ses voisins, & fit son accommodement: Il remit au Pape tout l'Estat de Ferrare & fut contraint de se contenter de Modene, Reggio & Carpi fiefs Imperiaux. On dit que dans la Chambre des Archives de l'Eglise Cathedrale de Modene, parmy d'autres reliques est suspendu à la voute ce miserable sceau à puiser, qui causa cette celebre guerre entre les Modenois & les Bolonois, dont nous avons parlé cy-dessus. Le Cardinal Sadolet Evêque de Carpentras qui avoit commerce de lettres avec Calvin, & le docte Sigonius estoient natifs de Modene, & ce dernier a fait mention

H

en passant, dans quelqu'un de ses Ouvrages, de cette guerre *de la secchia*. Il n'y a point de Citadelle dans la ville, & quoy qu'elle soit la residence d'un Duc elle n'est forte qu'en grand nombre d'habitans. Le Palais du Duc est logeable. La place est belle, il y a dans la Maison de ville qui est sur la place une sale bien peinte. Le Dome est assez beau. Il y a une petite Eglise sous le Chœur, où repose le Corps de S. Geminien Patron de la ville. L'Eglise des Jesuïtes & de S. Pierre meritent d'estre visitées. Il y a dans la Chapelle appellée S. Pierre Martyr un tres beau tableau du Correge fameux peintre du siecle passé & dans S. Sebastien un autre du même Maistre.

LA MIRANDOLA ou *LA MIRANDE.*

La Mirande est hors de la grande voye Æmilie à main droite, à 22 milles de Modene. Le Prince portoit autrefois le nom de Comte & maintenant celuy de Duc, & la Seigneurie de Concordia y estoit jointe. La merveille des Sçavans de son temps Jean Pic & son digne neveu François Pic en estoient Comtes.

Entre la Mirande & Reggio qui sont éloignez l'un de l'autre de 24 milles, Carpi & Correggio sont bastis. *Carpi* est à huit milles de Reggio & *Correggio* est 4 milles plus avant.

REGGIO.

Reggio en Latin *Regium Lepidi* est different de Reggio qui est à l'autre bout d'Italie vis-à-vis du Far de Messine; il n'est qu'à 15 milles de Modene & autant de Parme. C'estoit une Colonie Romaine qu'on croit avoir esté fondée par ce Marcus Lepidus, qui en l'an de Rome 567 fit paver la grande voye Æmilie. La ville n'est gueres fortifiée, & le Chasteau qui est carré n'est pas grand chose. Le Dome est magnifique; la Madona & Saint Prosper sont de belles Eglises, & ce qui les embellit davantage, ce sont les beaux tableaux qu'on y void &

entr'autres celuy du Correge qui est à S. Prosper & un autre de Guido Reni, tous deux Peintres fort celebres.

PONTREMOLE.

Pontremole en Latin *Apua Antonino*, que Philippe de Commines appelle *Pontreme*, est une place forte au pas de l'Apennin, où passa Charles VIII. allant descendre à Fornove. Le Roy d'Espagne en est à present le maistre ; quoy qu'elle soit détachée de ses Estats : de sorte qu'elle est comme un orgeolet dans les yeux des Genois, des Luquois & du grand Duc, qui sont voisins des terres de la Lunigiana.

CANOSSA.

Canossa, qui a ses Marquis à part est à 15 milles de Parme, vers l'Orient Meridional. La place est forte : ce fut là que Gregoire VII. nommé Hildebrand, qui signifie en Allemand *tison d'Enfer*, estoit dans le Chasteau à faire bonne chere avec la Comtesse Mathilde Dame du lieu, pendant que l'Empereur Henry II. durant trois matinées les pieds nuds & en chemise au fort de l'hyver attendoit au Bourg d'embas l'Absolution de son Excommunication. On a dressé il y a quelques années dans S. Pierre de Rome une belle statue de marbre à cette Comtesse.

A quatre milles de Canosse, 12 de Parme & 4 de Reggio dans le Reggian, l'on trouve *i quattro Castelli* sur quatre collines également éloignez les uns des autres.

PARME.

Parme est à 15 milles de Reggio, située sur une petite riviere qui porte le mesme nom de Parme. C'est une ville ancienne, belle & forte. Comme elle est en rase campagne elle n'a rien qui la commande. Il y a une bonne Citadelle flanquée de cinq Bastions, qui a communication avec la ville par une allée couverte. Elle est fournie de bonne Artillerie & de toute sorte de munitions de guerre. L'Empereur Frederic Barberousse fut deux ans à assieger Parme sans pouvoir la prendre. Il vouloit la détruire & emporter les dépoüilles dans une ville qu'il avoit fait bastir proche delà, qu'il faisoit appeller Victoire : mais la Victoire ne demeura point de son costé : il fut battu & obligé de lever le siege. Les Parmesans raserent rez pied rez terre sa nouvelle ville, de sorte qu'il n'en paroit plus aucune marque.

Le Pape Paul III. de la Maison des Farneses, crea Duc de Parme & de Plaisance son fils naturel Pierre Loüis, & donna en échange à l'Eglise la Principauté de *Camerin* & la Seigneurie de *Nepe*, qu'il avoit auparavant données à son petit fils Octavio, fils de Pierre Loüis, lors qu'il le maria avec la Doüairiere de Florence Marguerite d'Austriche fille naturelle de l'Empereur Charles-Quint. L'Empereur fut fort mal satisfait de la creation de ce nouveau Duché, parce qu'il pretendoit que Parme & Plaisance fussent membres de l'Estat de Milan:

ainsi il ne voulut point que son Ambassadeur assistât à la ceremonie qui s'en fit à Rome. Le Pape de son côté abandonna l'Empereur, & se declara pour la France contre luy. Pierre Loüis au lieu de gagner la bienveillance de ses nouveaux sujets, les chargea d'impôts & les brida de nouvelles Citadelles, & quoy qu'il fut extrémement goûteux, il estoit abandonné à ses plaisirs, & tyrannisoit cruellement ses sujets; ce qui luy attira une conjuration, dont furent chefs les Principaux de l'Estat, qui avoient intelligence avec Ferrand Gonzague Gouverneur de Milan. Si bien que Pierre Loüis fut assassiné dans l'une des Citadelles de Plaisance, quoy que le Pape fust averty par son intime le grand Astrologue Luca Gaurico, lequel il avoit fait Evêque: toutefois les conjurez ne purent s'emparer de Parme, & le Duc Octavio en demeura Maistre, & se tint assez long-temps dans les interests de la France. On lit dans l'histoire de quelle maniere il se conserva Plaisance. Cette alliance avec la Maison d'Austriche par la susdite Marguerite, maintint ensuite la posterité des Farneses au Duché de Parme & de Plaisance, ce qu'ils n'eussent pû apparemment contre les Roys d'Espagne & les Papes d'autre famille, qui ne pouvoient goûter ce demembrement des terres de l'Eglise.

Les Eglises de Parme sont tres belles, & presque dans toutes il y a quelques beaux Ouvrages du Correge, du Parmesan & d'autres excellens Peintres, sçavoir le Dome, S. Jean & S. Antoine. On fait cas de l'Architecture de la *Steccata*. L'Hôpital, la Place, l'Vniversité & le College des Jesuites meritent aussi d'estre vûs.

Il y a en divers endroits de cét estat des Places fortes comme *il Borgo* sur le bord du Tar. *Bassetto*, estoit le lieu de recreation du Pape Paul III.

PLAISANCE.

Plaisance est à 45 milles de Parme située proche du Po, & fortifiée de bons remparts. Il y a une Citadelle à cinq Bastions. La ville est ancienne & avoit l'un des plus beaux Amphiteatres d'Italie, qui fut brûlé du temps de la guerre entre Othon & Vitellius. La riviere de *Trebbia* passe proche de Plaisance. Ce fut au long de son rivage qu'Annibal gagna une bataille contre les Romains. Elle faisoit les limites de la *Gallia Togata* & en ce lieu commençoit la voye Æmilie, qui alloit finir comme nous avons dit, sur le pont d'Arimini. Au delà de Plaisance, ce n'estoit plus de la Gaule, mais de l'Insubrie. Parme & Plaisance sont riches en pasturages, en bestail, en fromages & en chevaux.

Les Eglises y sont belles comme presque par toute l'Italie. Il y a des peintures du Carrache au Dome, & une Nostre Dame du Raphael à S. Sixte. L'Eglise des Chanoines Reguliers de S. Augustin est admirable. Saint Jean des Dominicains, S. François, S. Vincent, les Jesuites, & la Madona de la campagne sont toutes curieuses. Dans la place il y a une grande statue de bronze à cheval du Duc Ranuccio.

L'on quitte la Lombardie, & l'on s'embarque sur le Po, pour descendre à Ferrare: puis au retour de Venise à Milan l'on trouve l'autre côté de la Lombardie, qu'on appelle *Lombardia di là*, pour la distinguer de *la Lombardia di quà*, sçavoir celle qui est à main droite du Po en descendant.

Voicy la description du voyage du Roy Charles VIII. & de son retour suivant la description qu'en fait Commines qui estoit du voyage. Ce détail n'ennuyera pas les voyageurs qui doivent passer presque par toutes ces villes.

Le Roy s'estant rendu de Paris à *Lyon*, vint à *Vienne*, d'où il partit pour Italie le 23. d'Aoust 1494. Il passa par *Suze* & vint à *Turin* avec si peu d'argent qu'il fut obligé d'emprunter les bagues de la Duchesse Doüairiere de Savoye, qu'il mit en gage pour douze milles Ducats. De Turin il se rendit à *Casal*, où la jeune veuve Marquise Douairiere de Montferrat luy presta ses Joyaux, qu'il mit en gage pour pareille somme.

De là il passa à *Ast* où il séjourna quelque temps, ensuite à *Pavie*. Aprés il alla à *Plaisance* où Ludovic Sforze prit congé de luy pour aller voir le Duc de Milan son neveu & pupille qui se mouroit & l'on le croyoit empoisonné. Ludovic s'empara de l'estat de Milan, ce qui luy fit oublier le Roy, en sorte qu'il fit une ligue contre luy.

De Plaisance le Roy vint à *Pontreme* & assiegea *Sarzane* qui est un Chasteau appartenant aux Florentins, qu'il prit en trois jours. De là il fut à *Pise*, *Florence*, *Sienne*, *Viterbe*, *Aquapendente*, *Montefiascone*, *Bracciano* & *Nepe*. Les cinq dernieres luy furent rendues les unes de gré, les autres de force. Il envoya prendre *Ostie*, & cependant il entra les armes à la main dans *Rome*, le Pape s'estant retiré dans le Chasteau S. Ange.

Le Roy demeura 20 jours dans Rome & le Pape convint avec luy.

& luy presta 4 places, *Viterbe* qu'il tenoit déja, *Terracine*, *Civitavecchia* & *Spolette*, mais le Pape ne luy tint pas parole. De Rome le Roy s'achemina à *Genfano*, & à *Veletri*, & le lendemain prit d'assaut *Castel-fortin*. Il fut ensuite à *Valmanton*, & au Mont S. Jean, & envoya saisir le pas fort & montagneux de Cancello. Il gagna S. Germain, d'où estoit delogé le nouveau Roy Ferrand. De là à *Miano, Tiano, Calvi, Capoüe* & *Averfa*, ce fust là où les Napolitains luy députerent pour le recevoir. Le Roy Ferrand se refugia dans l'Isle d'Ischia, distante de Naples 18 milles. Charles fut couronné à Naples âgé de 22 ans, il fit tout ce voyage en quatre mois & 19 jours. Chaque ville du Royaume de Naples ne luy coûta pas un jour entier à la conquerir, si ce n'est le Chasteau.

Mais comme il estoit venu promptement, il s'en retourna de même. Craignant d'estre enfermé par les Troupes de la ligue du Pape, des Venitiens, de Loüis Sforze & du

Roy des Romains, qui s'estoient tous declarez contre luy, il laissa le gouvernement du Royaume au Duc de Monpensier, & il reprit la route de France par *Rome*, le Pape s'estoit retiré à Orviete, & d'Orviete à Perouse, en dessein méme d'aller jusqu'à Padouë où il s'estoit fait preparer un logis, mais les Venitiens le r'asseurerent. Le Roy alla à *Sienne* puis à *Pise*, qu'il ne rendit pas aux Florentins, quoy qu'il le leur eust promis sur le grand Autel S. Jean à Florence. De Pise il vint à *Luques*, *Pietrasanta*, *Serzane*, & *Pontreme* qui est à l'entrée des Montagnes. C'est une merveille que les ennemis ne se fussent saisis de cette place qui l'auroit beaucoup arresté. Les Allemans & les Suisses dans une querelle qu'ils eurent entre eux, y mirent le feu: mais à quelques jours de là pour expier leur faute, ils passerent à force de bras l'Artillerie par ce mauvais pas de l'Apennin en deçà Pontreme. Le Roy souffrit beaucoup dans ce pays-là pendant plusieurs jours, & il eut bien de la peine à gagner la plaine de Lombardie, au sortir du trou de *Fornove*. Ses ennemis firent une grande faute de n'attaquer pas le Roy avant qu'il fut descendu. Ils s'imaginoient de tout défaire avec facilité, parce qu'ils estoient quatre fois plus de gens que les nostres, & ils craignoient que nous ne leur échapassions par les montagnes : mais nous estions trop fatiguez pour pouvoir aller aussi vîte qu'eux. Quoy qu'il en soit, Dieu voulut que suivant la prediction du Saint homme Frere Jerôme Savonarola, le Roy contre toute apparence humaine s'ouvrit le passage & se retirât sans danger, pour recevoir aprés cela son châtiment de la seule main de Dieu, de ce qu'il n'avoit pas tenu parole, & avoit souffert les pilleries de sa Soldatesque. Ce jeune Roy perdit son fils unique & mourut luy-méme inopinément à Amboise, sur une miserable paillasse, dans un lieu pauvre & sale.

Pour ce qui est de Frere Jerôme il fut brûlé à Florence, quatre ou cinq jours aprés la mort du Roy, à la sollicitation du Pape Alexandre VI. & par la violence du party contraire à la France.

Revenons à l'Armée. Le Roy arriva au bas de la montagne, au village de *Fornove* environ midy, le 5. Juillet 1495. & le lendemain Lundy à sept heures du matin, la bataille commença & fut remportée par le Roy le long de la riviere du Tar : Ainsi il revint glorieusement, il fut pourtant souvent attaqué par les Estradiots Albanois & autre Cavalerie ennemie.

Il passa par *Borgo S. Donino*, alla coucher à *Florensole* ; le second jour prés de *Plaisance*, passa la *Trebbia*; le troisiéme il dîna au *Chasteau S. Iean* & coucha dans un bois, le quatriéme il dîna à *Voghera* & coucha à *Pont-Curon*; le cinquiéme prés *Tortone* & passa *la Scrivia* ; le sixiéme à *Nice* de la Paille au Montferrat, ville d'amis ; le septiéme proche d'*Alexandrie*, & le huitiéme jour qui suivit la bataille, il logea dans *Ast* & l'Armée auprés

De là à *Turin* & à *Quiers*. Cependant le Roy fit l'accommodement du Duc de Milan avec le Duc d'Orleans, & delivra les pauvres affamez de Novarre. C'estoit une Armée entiere de François miserablement affligée la dedans. Enfin le Roy arriva à Lyon sans aucun danger, aprés avoir passé un rude Esté. J'ay lû dans quelqu'autre Auteur que Commines, qu'il laissa son Artillerie à *Esilles*. Cela estant il s'en revint par le Mont Genevre & Ambrun.

En descendant le Po, de Plaisance jusqu'auprés de Ferrare, on laisse sur le bord à main droite *Bristello* appartenant à la Maison d'Este, *Guastalla* à la Maison de Gonzague, & sur le bord à gauche *Cremone*, *Casal Maggior* &c. Un peu avant en terre *Creme* qui est aux Venitiens, *Pizzighitone* du Milanois, que nos écrivains appellent Pisqueton ; Sabioneta fief Imperial tres-jolie ville, qui est une Duché, *Pomponesco* fort Chasteau, *Borgo Forte* du Mantoüan & à 7 milles de la ville de Mantoüe.

d'Italie. 185

FERRARE.

Ferrare est à quatre milles du vray Po, 50 de Mantouë, 27 de Bologne, 48 de Padouë, & selon le calcul de quelques-uns 45. De Venise ne passant pas par Padouë ; mais faisant tout le chemin par eau 90 milles, qui sont 12 ou 15 milles de plus. Le Ferrarois est en partie bon pays, & en partie marécageux, mais la bonté prevaut. Ils ont divers Polesenes qui sont des Isles & des Peninsules, qui fortifient le pays & abondent en pasturages. Pour ce qui est de la ville elle n'est pas des plus anciennes. Les habitans de diverses bourgades s'assemblerent en un & en firent une ville. Elle étoit fort augmentée sous la domination de la Maison d'Este. Depuis que le Pape la possede, elle est deserte, & ses belles larges ruës ne paroissent presque que des rues d'un grand village. L'Empereur Fridéric II. pour braver les Guelphes de Bologne y avoit établi une Vniversité. L'on voit le sepulchre de l'Arioste avec son Epitaphe dans la belle Eglise de S. Benoist, & la voicy.

Ludoici Ariosti humantur ossa sub hoc marmore, seu sub hac humo, seu sub quidquid voluit benignus hæres, sive hærede benignior comes ; seu opportuniùs incidens viator : nam scire haud potuit futura : sed nec tanti erat vacuum sibi cadaver ut urnam cuperet parare vivens ; vivens ista sibi tamen paravit, quæ scribi voluit suo sepulchro, olim si quod haberet is sepulchrum, ne cùm spiritus hoc brevi peracto præscripto spatio, misellus artus quos ægre ante reliquerat, reposcet, hac & hac cinerem ; hunc & hunc refellens, dum noscat proprium, diu vagetur.

Les deux Strozze Pere & fils Poëtes Latins sont enterrez à Saint Dominique, le Convent des Chartreux est tres beau. L'Eglise Santa

Maria del Vado n'est pas des moindres.

Le Pape Clement VIII. s'estant rendu maistre de Ferrare l'assujettit par une forte Citadelle qui a cinq Bastions reguliers, fournie de bonne Artillerie, avec des moulins à poudre. Dans une Salle il y a pour armer 10 mille hommes de pied & 500. chevaux. Il y a deux Palais du Prince. Le vieux & le plus grand est basty de brique. Le nouveau qui est plus petit, est tout de marbre, taillé en pointe de Diamant, ce qui fait un fort bel effet à la vuë. Le Pape laissa ce second au Duc de Modene, qui depuis à ce qu'on me dit sur le lieu, le vendit à un Seigneur dont j'ay oublié le nom. Pour ce qui est du vieux Palais de brique, où étoit l'habitation des Ducs, maintenant du Legat, il est environné d'un grand fossé plein d'eau, & est flanqué de Tours à l'antique. De la basse cour on voit peinte contre les murailles du bastiment, la Genealogie & les Princes de la Maison d'Est en bon nombre. Mais je pris garde que les visages d'Alfonse II. & de son pretendu Successeur Dom Cesare, sont entierement effacez, soit que la chose soit arrivée par hazard, soit plutost que les Papalins ayent voulu les faire oublier: car Dom Cesare avoit esté excommunié, & Alphonse II. avoit fait son possible sur les dernieres années de sa vie d'establir son neveu. Il y a dans ce Palais quelques chambres revestues de marbre, mais il est fort deserté, aussi bien que la ville.

Proche de l'Eglise Cathedrale sur la grande place, sont quelques statues de bronze à cheval. Ie demanday quelle estoit celle d'un homme de fort petite taille : l'on me dit que c'estoit *il Duca Borso*, ce bon & vigoureux Prince dont les Histoires font tant de mention. Le Duc Hercule II. a aussi sa statue à cheval dans la place qui est devant le Palais des Nobles, sur laquelle est gravée une partie de sa vie, & une Ordonnance de la justice par laquelle on a establi un asyle aux criminels, à 20 pas tout autour de cette statue, avec defense de les en tirer, ny de les y offenser, sur peine de Leze-Majesté. Je demanday si ce privilege duroit encore. Les uns me dirent que ouy; les autres que non. Cét Hercule II. avoit esté mary de Madame Renée de France fille du Roy Louys XII. laquelle mourut dans la Religion protestante à Montargis l'an 1575. âgée de 65 ans.

Pour aller de Ferrare à Venise, le voyage par eau est plus curieux que par terre: car par terre on ne void presque que Padouë, qu'on ne laisse pas de voir au retour: au lieu que par eau l'on void les clefs de Venise & les principaux Ports qui l'environnent, & de belles Forteresses aux Isles du passage. On s'embarque donc à Ferrare, sur une petite eau, qui est une branche du Po, où l'on chemine cinq milles, & l'on va gagner le grand cours du Po au bourg de *Francolin*. Nous y changeames de batteau, & fismes à pied quelque centaine de pas. Estant descendus jusqu'aux villages nommé *Papozze* & *Corbola*, le Po se partage en deux. Le plus petit bras est à main gauche, lequel ayant passé contre les murs *d'Arriano* se va rendre dans la Mer au Port de *Goro*. Le grand bras à main droite conduit jusqu'à la veuë *d'Adria*, qui en est toutefois éloignée d'environ trois milles, & plus avant en terre est *Carnizero* sur les bords de *l'Athesis* ou *Adice*. Les derniers six milles de ce grand bras s'appellent *le fil*, parce que sans aucun contour le Po va tout droit jusqu'à la Mer par le Port *delle Fornaci*.

On laisse à main gauche quantité de longs & larges Marests au bord de la Mer, qui renferment plusieurs Bourgs du véritable & ancien *Dogado di Venegia* jusqu'au delà du *Lizza Fusina* vis à vis de Venise.

Ces Marests se forment de l'assemblage de diverses eaux dont cette terre se remplit par differentes rivieres qui entrent dans la Mer sçavoir *le Po* divisé en plusieurs bras, *l'Athesis* grande & petite qu'ils nomment *l'Adesse* & *l'Adessetto*, le *Medoacus* grand & petit, qu'ils nomment *la Brenta* & *il Bacchiglione*.

Noſtre batteau paſſa par un lieu fourchu & étroit, ayant pris le Canal à main droite. Alors noſtre battelier nous dit, nous avons maintenant quitté les eaux du Pape, & nous ſommes ſur celles de Veniſe. Goûtez les & vous les trouverez ſalées, au lieu qu'elles eſtoient douces il y a un moment. C'eſt la marque des limites de ces deux Eſtats.

Dans les Cartes Geographiques on void que l'Eſtat du Pape finit au droit d'Adria à Palata 36 milles de Ferrare & 54 de Veniſe. Ainſi nous avons voyagé ſur les terres du Pape ſans diſcontinuation depuis Terracine & encore 3 milles au delà, où ſont de ce côté les limites entre les terres du Pape & celles du Royaume de Naples : comme du côté de la Mer Adriatique, c'eſt la riviere *Tonto* qui les ſepare, nommée des Latins *Truentum*. Nous avons, dis-je voyagé ſans nous détourner ſur les terres du Pape, depuis la frontiere du Royaume de Naples, juſqu'auprés d'Adria des Venitiens, 412 milles:

sçavoir d'au delà Terracine jusqu'à Rome 65 milles ; de Rome à Lorette 130, de Lorette à Bologne 155: de Bologne à Ferrare 28, de Ferrare au droit d'Adria 36.

Outre cela il y a en Toscane de Radicofani à Rome 77 milles : le Pape possede en diverses Provinces d'Italie plusieurs Places & Seigneuries enclavées dans les terres de plusieurs Princes, comme dans le *Trevisan*, la ville Episcopale de *Ceneda* : dans le Piedmont & Montferrat *San Benigno*, *San Giorgio*, *Corteggio*, *Montasia*, *Roccapiglia*, &c. item en France *Avignon* & le Comté de *Venisse*.

Nous avons parlé cy-dessus de quantité d'emboucheures du Po dans la Mer ; & neantmoins on sera surpris de ce que Ptolemée n'en met qu'une qui s'appelloit *Padusa*. Polybe ajoûte *Olena*. Pline avec Pomponius Mela en comptent sept, entre lesquelles *Olana* s'appelloit déja deslors *Volane* & aujourd'huy *Porto Volante*. La difference de ces Auteurs vient de ce que Ptolomée n'a compté

compté que le grand Canal, comme estant le seul à son avis, de consideration. Du temps de Polybe il n'y en avoit que deux: mais du temps de Pline divers Princes & peuples luy avoient creusé d'autres Canaux.

On croit que *Portus Vatreni*, soit la *bocca del bel occhio*: *ostium Sagis ad vicum Fossagge*, Porto Magnavacca: & *Asconis fossa*, le Canal San Alberto. De ce Canal, Auguste en avoit tiré un autre, pour la commodité de son port neuf, d'auprés Ravenne; dont encore aujourd'huy il reste le Bourg *d'Augusta* vers les Estangs de *Commachio*. *Neroniana fossa* est aujourd'huy Mezzo Goro. *Argentanus Padus*, qui *Argentam oppidum alluit*, s'appelloit aussi *primarius portus*.

Quelques-uns nomment l'eau qui passe à Ferrare, *il fiume Po-Reno*; les autres *il Po di Volana*, & son embouchure *il Porto del Po di Volana*, qui est le *Porto Volante* ci-dessus. En effet on void dans les dernieres impressions du grand Atlas, qu'à

I

Fichervolo 15 milles au deſſus de Ferrare, le grand Po ſe ſepare & envoye un petit Canal à Ferrare, faire ce *Po di Volana*. Aprés cela le grand Po ayant coulé juſqu'à Francolin, reçoit un Canal de cette Volana, & continuë ſon cours juſqu'à Papozze, où il envoye à droit un petit bras, qui va faire *il Po di Ariano*, lequel Ariano reçoit le Canal Alfonſo, & aprés avoir coulé quelque temps enſemble, ils ſe partagent encore, & une corne va faire *il Porto del Abbate*, & l'autre *il Porto di Goro*. Cependant le grand Po continuë ſous *Francolin*, & plus bas que *Papozze* il ſe diviſe encore à *Corbola*, où la moindre partie s'en va du coſté *d'Adria*, & la grande continuë ſa courſe & paſſe vis à vis *d'Adria*, au lieu nommé *Palata* derniere place appartenante au Pape, & ſe rendant dans la Mer fait le *Port del Pò delle Fornaci* : mais plus bas approchant de Ravenne d'autres eaux font le *Porto Primero* & le *Port Magnavacca*, & plus haut que tout cela *l'Adice* fait le *Porto di Foſſone*. Il eſt difficile de concevoir cela par une deſcription. Il en faut voir une carte bien aſſurée.

Quand nous eûmes quitté tous ces bras du Po, & que nous fumes dans la Mer de Veniſe, qu'ils appellent les Lagunes, nous vîmes pluſieurs ports, comme *Brondolo*, *Paleſtrina*, *Chioggia* & *Malamocco*. Ces deux derniers ſont les plus conſiderables.

CHIOGGIA.

Chioggia ou *Chiozza*, en Latin *Foſſa Clodia*, eſt la clef de Veniſe, elle en eſt éloignée de 20 milles. La ville eſt jolie, longue, ſa ſituation eſt forte, outre les Fortereſſes qui ſont tout autour aux endroits neceſſaires, pour defendre le paſſage à Veniſe. Elle a quelque rapport avec elle en ce qu'outre les quays, les maiſons & les Egliſes, on n'y voit que de l'eau. En l'année 1380. il s'y donna une ſanglante bataille navale entre les Genois & les Venitiens. Les Genois ayant eu la victoire se rendirent Maistres de Chioggia : & auroient reduit les Venitiens à la plus rude de toutes les compositions qu'ils eussent voulu exiger d'eux ; mais leur insolence & leur temerité, leur fit perdre le fruit de leur victoire ; ayant esté ensuite défaits par le sage & vaillant general Venitien Victor Pisano. Au tour de Chioggia il y a des Salines.

Ptolomée & les anciens Auteurs Latins, disent que ce lieu a pris le nom de *Fossa Clodia*, d'un certain *Clodius* chef des Albanois : mais il faut prendre garde, qu'il n'y aye de l'équivoque ; car Ortelius nous apprend qu'à 5 milles de Rome, il y avoit *Fossa Clælia*, ainsi nommé d'un *Clælius* chef des Albanois, comme écrit Tite Live, l. 1. & 2. Le Dome de Chioggia est beau, il est embelly de belles peintures. Les noms des autres Eglises sont Sainte Catherine, S. François & la Madona. Le Palais du Podestat ou Gouverneur de la ville est assez beau & fort logeable.

MALAMOCO.

Malamoco en Latin *Metamaucus* est à 15 milles de Chioggia, & 5 de Venise. C'est dans cette Isle où le Duc faisoit autrefois sa demeure, avant qu'elle eut esté ensevelie dans les eaux. Il y avoit un Evêché qui fut transferé à Chioggia. Presentement c'est un simple port, grand & spatieux, ou plutost une plage profonde, & fort seure, où s'arrestent presque tous les grands Vaisseaux qui sont chargez pour Venise : car à Venise, il n'y a pas assez d'eau pour les recevoir. La profondeur de ce port est causée par l'abondance des eaux de la Brenta & du Bacchiglione. Il y a tout auprés deux belles Forteresses dans la Mer qu'on nomme les Chasteaux de Venise, entre lesquels doivent passer tous les Vaisseaux qui entrent à Venise & qui en sortent ; ensuite à 8 milles au delà de Venise, prés le Trevisan, l'on trouve le Chasteau de Lio.

L'on ne voit pas au port de Malamoco, ny en aucun autre d'Italie la grande quantité de Vaisseaux qu'on voit à Amsterdam, au Texel, à l'Isle de Vlie, Roterdam, Mildelbourg, Gouré, Flessingue, & autres ports du pays bas. Quand je passay à Malamoco, il n'y avoit que vingt Vaisseaux, les trois plus beaux estoient Holandois : je croyois y trouver beaucoup plus de Galeres & Galeasses. La guerre de Candie a esté cause de la perte de quantité. Ie diray icy par occasion avoir appris à Venise d'un homme qui asseuroit le bien sçavoir, que depuis l'an 1645. jusqu'à 1655. il s'estoit embarqué à Malamoco, quatre vingt mille François, & qu'il en estoit revenu tres peu : car on ne donnoit congé qu'aux estropiez, ou à ceux qu'on croyoit s'en aller bien contents, & pouvoir obliger beaucoup d'autres d'y aller. La France auroit mieux fait d'accorder aux Venitiens les six mille hommes entretenus qu'ils demandoient. Nous nous excusames sur le besoin d'hommes que nous avions à cause de la guerre contre l'Espagne. On doit avoüer que la vigueur des Venitiens a esté merveilleuse, & leurs ordres admirables, d'avoir soûtenu tres long-temps une guerre si éloignée, contre un ennemy aussi puissant qu'est le Turc, qui combattoit presque sur ses terres.

VENISE.

Venise nous parut en l'abordant. Cette belle riche & puissante ville, le fleau des Tyrans, l'azyle des affligez, & la Reine de la Mer. Comme elle est la Mere de la liberté, elle est ouverte de tous costez. Elle n'a ny murailles, ny portes : mais seulement un grand & admirable fossé, que la Nature luy a donné. Et effectivement on diroit que la Nature l'a creusé à dessein de la juste profondeur qu'il falloit, pour ne pouvoir estre attaquée, ny par Mer ny par Terre : car elle est inaccessible aux Armées de terre, parce qu'elle n'est pas en terre, & aux Armées Navales, parce qu'elle n'est pas dans la Mer, mais dans des marests grands & larges de profondeur inégale, jusque là que chaque tempête y change les passages & remuë le sable, de sorte qu'il faut alors aller avec de petits batteaux découvrir les changemens & marquer des nouveaux passages. Outre qu'il y a des Forts aux endroits les plus propres de ces marests, les autres avenuës se peuvent fermer par des pallissades, qu'on peut aisément defendre, estant tres bien fournis de toutes sortes de machines propres pour cela, ayant la connoissance des lieux & le pied marin.

Parce que nous venions dans la barque du Courrier de Ferrare, & qu'il n'y avoit aucun soupçon de peste, aprés que ledit Courrier fut allé montrer la liste de ses passagers, nous debarquâmes sans difficulté, prés de la place S. Marc.

Chacun s'en alla pourvoir de logemens à pied ou en Gondole, suivant la longueur du chemin. Pour estre au plus bel endroit, & au plus frequenté de la ville, je me logeay entre la place S. Marc & le pont de Rialto, éloigné du bruit, dans un cul de sac, à l'enseigne de la ville de Vicence.

Pour voir cette belle & grande ville en un moment on ne peut pas comme à Rome monter sur une colline. Il faut aller au haut du clocher de la place S. Marc, d'où l'on découvre toute la ville & les Isles qui l'environnent, les Lacunes, la Mer Adriatique, les terres du Padoüan & de la Marche Trevisane, avec les montagnes du Frioul. La ville a huit milles de tour. Sa forme n'est pas mal comparée à celle d'un Lut, dont le ventre s'enfle auprés de la Giudeca d'un costé & prés le Canal Regio de l'autre. Le manche est representé par la longue étenduë de l'Arçenal, qui s'avance dans la Mer en l'une des extremitez de la ville. De ce clocher l'on découvre une partie distinctement, & l'autre confusement quantité de belles Eglises, dont il y a 67 Parroisses, 18 Hôpitaux, 6 admirables bâtimens de Confreries, qu'ils appellent Ecoles: environ soixante Monasteres d'hommes, & trente de femmes:

I v

quantité de lieux où l'on rend justice, & d'autres où l'on paye les contributions ; & parmy tout cela il y a dans la ville deux cens Palais, dont le plus grand nombre est sur le grand Canal.

Avant que de descendre de ce clocher que l'on dit estre haut de 230 pieds geometriques, & large de 40 en quarré, il faut sçavoir que ses fondemens sont aussi profonds dans l'eau, qu'il est haut. Si l'on demeure long-temps à Venise, il faut apprendre à connoistre le carrillonement des cloches de S. Marc, parce que par la merveilleuse diversité de leur son, on comprend tous les mysteres exterieurs, c'est à dire tout l'ordre de la Republique.

Estant descendus nous considerames les deux places de S. Marc, la grande & la petite, travaillées en forme de Lettre L ou de potence. La structure en est magnifique aussi bien que du Palais. On ne void que Colonnes de marbre, il y en a plus de 500, outre celles de l'Eglise Saint Marc. Celles qui surpassent les autres en grandeur & en grosseur, sont les deux qui sont à l'entrée de la petite place. Sur le haut de l'une il y a un S. Theodore, l'un des Patrons de la ville ; & sur l'autre un Lion de S. Marc le grand Patron de Venise. Ces deux belles Colonnes, avec une troisiéme qui se perdit dans la Mer, furent apportées de Grece. La difficulté estoit de les dresser. Un Ingenieur de Lombardie nommé Nicolas Baratier l'entreprit. Il se servit d'une adresse nouvelle qui fut de moüiller les Chables qui soustenoient le fardeau, & puis à mesure que les Chables estoient sechez par la chaleur du Soleil, ils soûlevoient la Colonne en s'accourcissant, & on y ajoûtoit incessamment de nouveaux Chables moüillez ; de sorte que peu à peu ces Colonnes furent sur leur pied. Les Seigneurs demanderent à cét Ingenieur ce qu'il souhaitoit pour ses peines. Il ne voulut autre chose, sinon qu'il fut permis à tout le monde, de joüer aux cartes & aux dez, dans l'espace qui est entre les deux Colonnes ; ce qu'on luy accorda facilement, & dépuis ce tems là, on void toûjours en cét endroit des gens de neant, qui y joüent à des jeux de hazards.

Sur ce sujet des Ingenieurs, j'ay lû dans les Auteurs Latins & Italiens, qui ont écrit de la ville de Venise, que l'on voit à l'entrée de l'Eglise S. Marc la statuë de l'Architecte qui l'a bastie, tenant ses deux doigts sur la bouche, pour marquer qu'il avoit trop parlé. Je cherchay cette statue & la demanday, mais je n'en pus point avoir de nouvelles. Les livres disent que cét Architecte avoit exigé du Senat, que pour sa recompense, lorsque l'Eglise Saint Marc seroit achevée, il pourroit mettre sa statuë & son nom à l'endroit le plus honorable. L'ouvrage estant achevé & l'ouvrier ayant receu quelque mécontentement, il luy échapa de dire à quelqu'un, que s'il eust voulu, il eust bien pû faire cette Eglise plus belle. Comme à Venise il y a quantité de bouches de pierre qui parlent, cela vint aux oreilles de la Seigneurie, qui voulut pour châtiment que la statue de cét indiscret ne fut posée qu'au dehors de l'Eglise, & encore sans aucun nom. Luy mesme se condamna à une amande honorable pour avoir trop parlé, en se faisant mettre les deux doigts sur les levres.

Je trouve l'Eglise de S. Marc jolie, mais non pas belle. Deux choses luy font tort; l'obscurité & sa forme en croix, qui ne sied pas bien à sa petitesse. Elle n'est pas l'Eglise Cathedrale de Venise, mais seulement la Chapelle du Doge. Neanmoins elle est bien plus frequentée & servie plus solennellement que n'est l'Eglise Patriarchale qui est *San Pietro del Castello,* située à l'un des bouts de la ville. L'Architecture de celle de S. Marc, est à la Grecque, toute garnie de petites Colonnes de marbre, qui n'ont point de rapport à la Majesté Romaine, & ce qu'on appelle *il grande*. Pareillement tant d'ouvrages de marqueterie & de peinture Mosaïque, qu'on y void, ne valent pas une bonne piece antique. Mais chacun a son goust, & il est croyable que Venise n'ayant jamais manqué d'excellens ouvriers, ny d'argent, ny de devotion envers S. Marc, a fait ce qu'elle a crû de meilleur. Les Ecoles des Confreries sont magnifiques, & quantité de murailles, qui sont sur les rues exposées à la pluye, sont enrichies d'excellentes peintures, entr'autres la grande maison proche le Pont de Rialto, qui est loüée par la Seigneurie aux Marchands Allemands, est toute peinte dehors & dedans, de la main du Castel-Franco & Titien : & vis à vis d'une Eglise, il y a contre une assez méchante muraille, une peinture de bataille d'une excellente main : mais elle est presque effacée d'ancienneté.

On dit que les quatre beaux chevaux de cuivre dorez, qui sont au haut du grand portail de l'Eglise de S. Marc, sont de la main de l'ancien Sculpteur Praxitele, & qu'ils étoient dans la maison de Neron, ou comme d'autres disent sur son arc de triomphe qu'on voit sur une medaille; mais l'Empereur Constantin les fit porter dans l'Hippodrome de sa nouvelle ville de Constantinople, laquelle depuis ayant esté prise par les Venitiens soûtenus des François, ils en emporterent ces chevaux. Il y en a qui disent qu'ils sont de cuivre Corinthien, ce qui n'est pas, car on ne les auroit pas dorez, cette mixtion de cuivre Corinthien étant selon les curieux un mélange plus beau & plus rare que l'or.

Sur le pavé de l'Eglise, qui est de marbre marquetté, on dit que diverses propheties de l'Abbé Joachim y sont representées, entr'autres à main gauche on y voit deux coqs qui combattent un renard, & le terrassent: ce qu'on a expliqué de deux Roys de France Loüys XII. & François I. qui detruisirent Loüis Sforze. Il y a aussi des Lions fort gros dans des eaux, & des Lions maigres sur un rivage, qui sont des presages fâcheux aux Venitiens.

Dans la basse-cour du Palais S. Marc l'on voit la statue du Duc d'Vrbin leur General. L'on estime beaucoup les figures d'Adam & d'Eve qui sont tout auprés. Eve y paroit une fille de 15 ans, representant fort bien la honte & la surprise de son peché. Sur l'escalier à droit & à gauche sont les Colosses de Mars & de Neptune. Au haut de l'escalier on lit une Inscription mise là par les soins d'Arnold Ferrier Ambassadeur de France ; laquelle côtient le passage du Roy Henry III. par Venise revenant de Pologne.

Il y a deux Tresors à S. Marc ; l'un est le spirituel qui consiste en reliques, belles croix & choses precieuses, l'autre est celuy du Doge dans lequel il y a beaucoup de raretez & joyaux, & entr'autres cette belle escarboucle, qu'il porte aux jours solennels, sur sa Couronne Ducale qu'on estime 100000. écus.

La Bibliotheque de S. Marc est toute remplie de manuscrits anciens, Grecs pour la plus part. Il y a un beau Ptolemée manuscript avec ses cartes. Le commencement de cette Bibliotheque vint de François Petrarque, qui avoit esté Ambassadeur des Florentins à Venise, & qui fit les Venitiens heritiers de sa Bibliotheque. Ensuite le Cardinal Bessarion en fit autant de la sienne. Il estoit Grec de Nation, & avoit grand nombre de manuscrits Grecs. On y conserve son portrait. Petrarque est enterré à Arquada sur les collines du Padoüan. Il estoit Chanoine de Padoüe, & avoit esté Archidiacre de Parme. On montre encore sa maison à *Abano* en Latin *Aponus*, lieu celebre pour ses eaux minerales.

Dans le vestibule de la Bibliotheque il y a quantité de bustes, de statues, & d'inscriptions antiques. Le dedans est orné de tableaux tres beaux qui ont quelque rapport aux sciences. Le sieur Gradenigo Candiot en est le Bibliothecaire. Il est Prestre & marié, parce qu'il est du rit Grec.

Avec le credit de quelques amis, on peut voir au Palais de S. Marc, la grande gallerie des armes, qui est divisée en quatre par des Portes de Cedre, d'où sort une odeur agreable. Outre les armes ordinaires dont la Seigneurie peut armer sur le champ vingt mille hommes, il y a quantité de vieux harnois riches & curieux, de vielles épées, baudriers, lances, boucliers, la plusparc provenans de la liberalité des grands Seigneurs, des Princes & Capitaines, ou de ceux qui ont esté pris en guerre. Il y a une machine de fer pour allumer plusieurs méches à la fois : une enseigne prise sur l'Empereur Frideric, par un Doge de Venise, & une statue à cheval d'un Capitaine appellé Gatta-Mela.

L'on bat monnoye tout auprés du Palais, & ce lieu a esté bâty par le gentil Architecte Sansovin d'une maniere fort galante : pour éviter le feu, il n'y a pas mis un morceau de bois. Tout n'est que métal, voutes, pierres, marbre & verre. On fait cas de la description de Venise par ledit Sansovin. J'ay veu des statues du Pere & du fils de ce nom là de méme profession. Celuy qui en a écrit fait mention du Palais du Signor Luigi Thiepoli son parent, qui estoit prest à tomber. Il luy re-

d'Italie. 211

bâtit à neuf les fondemens fans toucher à la groffe maffe du Bâtiment, quoy que la maifon fût bâtie fur des pilotis comme eft prefque tout Venife; & il eft difficile de comprendre comment on pût faire joüer le bellier. Je penfe qu'il fut du moins neceffaire de faire lever le premier plancher. En divers endroits des galleries & des efcaliers du Palais S. Marc font posées de ces pierres qui parlent. Ce font des troncs ou trous dans le mur, où il eft permis à chacun de jetter des billets pour avertir la Seigneurie de quelque fecret ou de quelque malverfation. Le denonciateur eft recompenfé plus ou moins felon l'importance de la chofe. Sur un efcalier il y a *denoncie fecrete di baratti e permuti di ballote*, & tout auprés, *Denoncie fecrete de bravi & vagabondi*; un autre, *de Banditi & Relegati transgreffori*; un autre, *Denoncie fecrette de fcovace*, ibidem, *Sopra le ufure e ufurpationi de beni publici*.

Contre la muraille du Portique

appellé *il Broglio*, est écrit un ban de criminel en ces termes : 1652. *à di 8. Luglio, fu bandito Domenico Mocenico di Sier Nicolo, d'all' Excoso Consiglio di Dieci, per haver in questo loco venerabile, & che deve esser di sicurezza e di rispetto, interfetto il nobile Ho. di sier Donado Labia.*

Dans la petite place S. Marc, qu'on appelle *il Broglio*, qui signifie à ce que je croy le lieu des brigues, les Nobles Venitiens s'y promenent & y viennent en grand nombre, depuis les 10 heures du matin jusqu'à midy : & dans le temps qu'ils y sont, personne n'ose se mesler avec eux.

Ce qu'il y a de plus beau & de plus majestueux dans le Palais Saint Marc, c'est la grande salle du Conseil, longue de 86 pas communs & large de 38 sans Colonnes ny Pilastres. Elle est garnie de bancs, pour les Senateurs & Nobles Venitiens. Au haut bout est le Trône du Doge, fort élevé, & tout auprés quelques places distinctes du commun. Le platfonds ou Lambris de cette salle, & toutes les murailles sont ornées de riches peintures, qui toutes representent quelque histoire singuliere de Venise; derriere le Trône & plus haut que sa teste, l'on voit la Resurrection des bienheureux, de l'excellente main du Teintoretto, qui estoit un Venitien fils d'un Teinturier.

Il y a contre la muraille de la main droite six grands tableaux peints à fresque comme tout le reste, qui representent la guerre qu'eurent autrefois, les Venitiens pour les interests du Pape Alexandre III. contre l'Empereur Frideric Barberousse, dont le fils Othon fut pris à la bataille navale par Sebastien Ciani Duc de Venise. Le tableau qui represente cette bataille est le plus affreux qu'on sçauroit s'imaginer. Le geste, les blessures & la mort des Imperiaux, qui vouloient monter sur la Galere admirale du Doge impriment en mesme temps de l'horreur & font admirer le peintre.

Pour faire voir combien les Venitiens honorent la paix, & portent du respect à l'habit de paix: pendant ce furieux combat on amene le Prince Othon prisonnier au Doge, qui le reçoit au haut de la pouppe de sa galere, assis non pas en habit de guerrier, mais vestu d'une manteline rouge agrafée au col, dont les deux devants sont jettez en arriere sur les épaules, pour faire paroistre la cuirasse. Il tient à la main le baston de General, & sur la teste la corne ou bonnet Ducal. Proche delà dans un autre de ces tableaux, le Pape Alexandre III. est assis sur un siege un peu élevé, le Duc luy soûtenant le bras droit & un des siens le gauche. L'Empereur teste nuë & prosterné de son long devant le Pape, à qui il baise le pied droit, & le Pape du pied gauche luy foule le col. Ces paroles *super draconem & basiliscum*, n'y sont pas écrites, parce que comme je pense, le Peintre a crû que tout le monde les sçavoit. Il ne paroit point non plus de Couronne Imperiale, & le nom de l'Empereur n'y est point écrit. Le Peintre s'eft contenté de faire à ce Prince profterné une barbe rouffe. Parmy ceux qui affiftent à ce fpectacle, il y a une Mere qui menace du doigt fon jeune fils agenoüillé devant elle, comme pour le faire fouvenir de ce qu'il voit, & c'eft le gefte le plus naïf & le plus vivant de tous ceux qu'on remarque dans cette rare hiftoire. Au bas du tableau le Peintre a mis fon nom, *Federicus Zuccarus F. ann. falut.* 1582. *perfecit anno* 1603. Le nom de Federic luy devoit faire avoir du refpect pour l'Empereur Frederic, qui ne fit pas cette indigne action par lâcheté de cœur, mais par pure tendreffe & pitié paternelle, voyant fon cher fils entre les mains de fes ennemis. L'avantage qui refta aux Venitiens de cét exploit ne fut pas petit : car comme le Duc de Venife retournoit victorieux, le Pape l'alla recevoir, & luy declarant que par fa valeur il avoit merité l'Empire de la Mer Adriatique, il luy mit au doigt une bague, comme pour marque du don & contract de partage qu'il luy en faifoit.

Depuis ce jour-là les Doges ont gardé la coûtume d'aller solemnellement le jour de l'Ascension épouser la Mer, en jettant une bague dedans, accompagnez d'un nombreux cortege de Peouques & de Gondoles, avec des rejoüissances & des festins qu'ils font aux principaux. Ils montent pour cela le Bucentaure, qui est une belle Galere à double étage, toute dorée & ornée de sculpture, que l'on couvre ce jour là de quelque riche étofe. Les Venitiens se sont si bien maintenus en cette possession qu'il n'y a qu'eux seuls qui osent marcher avec des Vaisseaux de guerre, dans tout le Golfe Adriatique, qui contient neuf cent milles ou plus de trois cent lieuës de longueur. Ils se font rendre en temps de paix cette deference par tous ceux qui naviguent & negocient sur cette Mer, & particulierement par trois de leurs voisins, qui sont trois puissances très considerables, le Pape, le Roy d'Espagne & le Turc. Ce fut dans S. Marc qu'Alexandre III. foula

aux

aux pieds l'Empereur. On montre encore proche de la porte une platine de cuivre attachée à une pierre rouge, qui marque l'endroit où ce Prince infortuné se prosterna.

En allant au Tresor de S. Marc on trouve les portraits de Saint Dominique & de S. François, qui furent, à ce que l'on dit, peints au naturel par l'Abbé Joachim, longues années avant qu'ils fussent nez.

Je vis un jour le Doge oüir une Messe dans le Chœur de l'Eglise S. Marc. Il estoit sur un siege & avoit son prié Dieu à part, & sur un banc à sa droite estoient assis le Nonce & l'Ambassadeur de France. Le Doge estoit vestu d'une robbe longue trainante de toile à fonds d'argent & fleurs d'or. Sur la teste la couronne Ducale, qui sied bien mieux en effet que dans les tableaux que nous en voyons: sous cette couronne ou bonnet Ducal, il porte une calotte ou coiffe de toile empezée, qu'il garde sur la teste, pendant la Messe & le Sermon

K

ayant le bonnet bas, & tous les Senateurs teste nuë. Ils estoient alors soixante vestus de robbes de Damas cramoisy. Aprés la Messe un Carme déchaussé prescha en Italien, n'estant point monté en Chaire, mais s'appuyant contre le grand Autel. Je remarquay que le Doge & le Senat ouyrent la Messe & le Sermon avec grande attention, tous teste nuë pendant le Sermon aussi bien que pendant la Messe. Cette attention me parut bien differente de celle des Cardinaux, que j'avois veus à Rome lors qu'ils tenoient Chapelle : car on eut dit que la Messe & le Sermon Latin ne se disoient pas pour eux, & si pourtant ils n'avoient point alors de Pape à élire, car en ce cas ils ont bien de choses à dire. Quand le Senat & les Nobles Venitiens font des Processions, c'est avec grande gravité & beaucoup de veneration ; ils ont chacun un flambeau de cire blanche à la main, & ils sont ordinairement dans ces Processions douze ou quinze cent Nobles, la plus part gens de bonne mine & de riche taille. Presque tous & sur tout les jeunes portent des souliers à la Françoise ; pour l'habit c'est en tout temps une robbe noire longue, de drap en hyver, doublée s'ils veulent de fourrure de Lapin d'Angleterre ou de petit gris ; en Esté elle est d'étoffe de soye, ou autre fort legere. Toutes les fois que le Doge marche en public, on porte devant luy un cierge allumé; & quelquefois de longues trompettes d'argent & trois estandarts, qui representent Venise, les Royaumes de Chypre & de Candie ; si c'est en temps de paix ils sont blancs, & si c'est en temps de guerre, rouges.

Le respect des Venitiens pour la Religion est fort loüé par Philippe de Commines, qui leur presage toute sorte de bon-heur. L'appartement du Doge à S. Marc est fort beau.

Dans la salle de Saint Marc où s'assemble certain conseil est écrit sur le sujet des Sages genereux, qui s'exposent pour leur Patrie, *Et pro omnibus perire malunt, quàm cum omnibus* : & au bas, *legum denique idcirco omnes servi sumus, ut liberi esse possimus*. La pensée en est bonne.

Les Palais de Venise sont magnifiques & en tres grand nombre. Il y en a quantité sur le grand Canal: celuy du Procurateur Pisani, qui est à la place S. Estienne me plut extremement pour sa belle façade, qui est d'une maniere toute particuliere. A la porte il y a deux statues de marbre l'une d'un Hercule qui tue un Lion, & met ses mains dans sa gueule, ouvrage de quelque excellent Sculpteur & qui ne cede guére aux plus belles antiques ; l'autre est un Hercule qui tuë avec sa massue le Cerbere à trois testes. Dans ce mesme campo San Stefano sont deux façades de petits Palais tout à fait galantes. L'un est des Lauredans enrichy de Colonnes, & l'autre des Maurosini avec des balcons. Le Palais Vendramino en un autre endroit de la ville, est encore fort beau. Celuy des Grimani est plein d'antiquitez & Inscriptions apportées la plus part des ruines d'Aquilée. Dans celuy des Rosini l'on voit un rare cabinet de medailles antiques & quantité de tableaux excellens.

Il y a quantité de nobles & d'autres curieux qui font des cabinets & amas de medailles antiques. Le commerce qu'ils ont dans le Levant, leur en fournit des Grecques. Les Principaux curieux dont je me souviens, sont le Procurateur Justiniani, les Sieurs Morosini, Georgio Barbaro, Domenico Tiepoli, Garzoni, Zani, le Baron de Tassis, Capello, & le Docteur Bon Candiot.

L'Arsenal de Venise a de tour prés de trois milles. Il est tout entouré d'eau & de murailles de brique flanquées de quelques foibles Tours, pour le defendre à la main. Il est fort dégarny depuis la guerre de Candie. On y voyoit autrefois jusqu'à deux cens Galeres. Je n'y en vis que quinze que l'on faisoit, & autant de vieilles que l'on raccommodoit, & une douzaine de carcasses inutiles. J'y vis aussi cinq ou six Galeasses, un Vaisseau lourd

& épais qu'on appelle la *Caimana* que l'on remplit de poudre & de quantité d'autres choses pour insulter & maltraiter les ennemis.

Il y a un des magasins qu'on appelle *il magazzino* de *Naranci*, c'est à dire le magazin des oranges; ces oranges, sont des boulets de canon. Autrefois on y comptoit jusqu'à quinze cent pieces d'artillerie. Le nombre est fort diminué. Les trois salles d'armes & harnois, sont bien garnies, & il y a pour armer 75 mille hommes de pied, & quantité pour la Cavalerie. On y fait voir le harnois du conspirateur Tiepoli, qu'une femme tua avec une grosse pierre quelle luy jetta par une fenestre. Il y a des salles où l'on tient les mats, d'autres les anchres, dans quelques unes les voiles & tout l'attirail des Vaisseaux. Il y a un gros canon qui tire trois coups à la fois, & un petit qui en tire sept.

Les Venitiens évitent tant qu'ils peuvent de créer un Doge qui soit marié ; tant à cause de la foiblesse ordinaire des hommes & sur tout des vieillards, de découvrir leurs secrets à leurs femmes ; que pour éviter la grande dépense qu'il faudroit faire pour couronner la Dogaresse ou Duchesse. Les Venitiens sont grands politiques. Ils font passer les jeunes Nobles par les petites charges avant que d'en venir aux grandes ; on les fait Conseillers & Assesseurs, avant que les faire Podestats ou Gouverneurs. Les habits des Meres & des Nourrices sont tous doublez de fourrure, & les petits enfans vont nud teste par les ruës dans le plus grand froid de l'hyver.

Dans les Capucins l'on voit le tombeau d'un Contareno mort en 1614, qui a laissé un excellent cabinet de medailles & autres curiositez, *genio urbis & posterorum gloriâ.* Je ne sçay si c'est celuy chez qui j'ay vû dans la basse cour quelques vieilles statues : on y lit ce qui suit sur la porte de la rue.

Genio   *Usuiq;*
Urbis   *Ami-*

K iiij

Les Sybilles sont peintes en grand dans cette Eglise. Les Eglises de Venise ne sont pas si belles que dans les autres villes d'Italie. Celle de la Salute qui s'acheve est assez magnifique, elle a esté voüée à la Sainte Vierge dans un temps de peste. San Francisco, S. Pierre de Castello Eglise Patriarchale & quelques autres sont mediocres. A Saint George des Grecs, le Saint des Saints est éloigné de la veuë & mesme voylé. Les Prestres se peuvent marier selon la coûtume des Grecs. L'autre Eglise de S. George Maggiore qui est dans une Isle à demy mille de la ville est fort jolie & l'architecture en est belle. Il y a une grande Bibliotheque, un beau jardin & un grand Convent de Benedictins; Cosme de Medicis estant en exil à Venise, donna sa Bibliotheque aux Benedictins. Dans leur refectoire il y a un merveilleux tableau de Paul Veronese representant les nopces de Cana.

On lit sur le frontispice cette Inscription.

Memoriæ

Tribuni Memi opt. Princ. qui factiosis urbe pulsis, inde Othonis II. Cæsaris odio, in Remp. mirificè eluso, de eadem ubique promeritus, ut æternam eandemque certiorem adipisceretur gloriam, abdicato Imperio hanc Insulam Monachus incoluit, atque ejusdem instituti viris piè legavit; Iidem grati animi ergò posuere 1610. Decessit 1492.

De l'autre côté est celle cy.

Memoriæ

Sebastiani Ziani invicti Ducis, cujus armis fracta priùs Frider. Ænobarb. pertinaciâ, mox officiis delinitâ, eundem inter se & Alex. III. Pont. Max. pacis arbitrum voluit: quâ, nutans Christiana res, tandem sublato dissidio con-

226 *Nouveau voyage*
quievit. Monachi pluribus obstricti beneficiis, celebriori loco monumentum restituere, 1610. *obiit* 1178.

Sur le portail de la petite Eglise S. Julien, on y lit ce qui suit.

Thomas Philologus Ravennas Physicus ære honestis laboribus parto ædes primùm Paduæ virtuti, post hanc Senatus permissu Pietati erigi fecit. Illas animi, hanc etiam corporis monumentum. Anno mundi 6705. *Iesu Christi* 1554. *urbis* 1134. *nonis Octobris.*

Une semblable Inscription du mesme y est en lettres capitales Grecques.

ΘΩΜΑΣ ΦΙΛΟΛΟΓΟΣ
ΡΑΟΤΕΧΝΑΤΗΣ ΟΤΑ
ΤΗΣ ΟΙΚΟΥΜΕΝΗΣ
ΓΥΜΝΑΣΙΑ ΒΟΝΩΝΙΑΣ
ΡΩΜΗΣ ΠΑΤΑΟΥΙΟΥ
ΣΟΦΙΑ ΛΑΜΠΡΥΝΑΣ
ΑΝΗΓΕΙΡΕΝ ΕΤΕΙ ΑΠΟ
ΚΤΙΣΕΩΣ ΚΟΣΜΟΥ
Ζ Ξ Β.

Et sur la main droite il y en a une troisiéme en Langue Hebraïque.

Pietro Aretino & Ludovico Dolce sont enterrez à S. Luc. Il y a plusieurs beaux tableaux à San Francisco : & un Cimetiére qu'on appelle le Cimetiére des Nobles, parce qu'il y en a beaucoup d'enterrez. Sur un Autel de S. Salvador *Andrea Delphino D. Marci Procuratori Senatori amplissimo in pauperes pientissimo, obiit anno 1602. ætatis suæ 62. &c.* Avant l'invention des orgues, on avoit dans les Eglises d'Italie d'autres instrumens, qu'on appelloit, *Rigabello, Tursallo & Nimfala.*

A San Janipodio, c'est à dire S. Jean & S. Paul, l'on voit un tableau du Titien qui represente le martyre d'un S. Pierre, qui n'est pas l'Apostre S. Pierre; au milieu de la place qui est devant cette Eglise la statue de bronze à cheval du grand Capitaine Barthelemy Coglione de Bergame est dressée. Je ne sçay si c'est à Venise ou ailleurs que je vis ses armoiries, qui sont des armes parlantes.

Il y a dans l'école qui est joignant S. Iean & S. Paul, des beaux tableaux. Le Cavalier Cecilio Fuoli Medecin celebre à Venise me disoit que sa Gondole conduite par deux hommes faisoit en une heure huit milles de chemin, ce qui fait presque trois lieuës ordinaires de France. Comme nous parlions des excellens vins d'Italie & de Malvoisie de Candie, il me soutînt que ces vins ne faisoient aucun mal au foye mais aux poumons, ce qu'il avoit observé en faisant l'anatomie de quantité de bons yvrognes, qui avoient tous le foye fort sain, mais le poumon, les uns noir, quelques uns fletri, les autres plein de pustules. Il n'approuve point l'usage de l'eau dans le vin, mais seulement de choisir de petits vins, comme ceux qu'ils appellent *vin garbo*.

L'air de Venise n'est pas mal sain aux Etrangers. Leurs marests n'ont aucune mauvaise odeur, mais il y en a dans la ville, & cela vient de ce que les rues & les canaux sont étroits & qu'on y jette toutes les immondices. Le flux & reflux les purifie. L'eau y monte d'un pied & demy ou deux dans les grands canaux, & se communique dans les petits.

Proche de S. Marc il y a un puits d'eau douce, chose rare à Venise. Ils disent qu'il ne peut estre empoisonné parce qu'on y a jetté au fonds deux cornes de Licornes. Il y a des cisternes dont l'eau n'est pas trop bonne. L'on boit de l'eau qu'on apporte de terre ferme.

Il y a un grand quartier de Venise où le peuple hait mortellement ceux d'un autre grand quartier. On les appelle Castellani & Nicoloti. On leur permet un jour de l'année de se battre à coups de poings pour gagner un pont : ce qui est tres curieux à voir & attire une quantité incroyable de peuple aux fenestres & sur les toits, pour en voir l'évenemét: on dit que la Seigneurie souffre volontiers ces divisions, aussi bien que les querelles & assassinats de leur Noblesse de terre ferme : parce que tandis qu'ils songent à leurs querelles particulieres, qui sont eternelles, ils ne songent pas à conspirer contre leurs Souverains.

Le Pape en fait presque de mesme dans la Romagne, & le Roy d'Espagne dans le Duché de Milan & dans le Royaume de Naples. Car autrement tous ces Princes sont bien assez prudents & assez puissants, pour étouffer ces maudites querelles, ou au moins ne les laisser pas devenir si universelles.

Toutes les fois que je passois par le quartier des Servites, je ne pouvois m'empescher d'aller baiser la venerable main de l'Excellent Padre Fulgentio, qui estoit encore en vie dans les premiers voyages que je fis à Venise. C'estoit un beau vieillard âgé de plus de 80 ans, digne Successeur du grand Padre Paolo, tant en science qu'en zele & en credit. *Io vengo da Roma*, luy dis-je la premiere fois. *ch' à visto in Roma?* me dit il, *molta gente otiosa*, luy répondis-je, *E cattiva*, ajoûta t'il. Ie luy demanday que vouloit dire que parmy tant de tombeaux que je voyois dans leur Eglise, je ne trouvois point celuy de Padre Paolo. Il me dit qu'il estoit enterré au Cimetiére commun de leurs freres, sans aucune distinction & pour de grandes raisons. Cela veut dire qu'ils ont apprehendé qu'en quelque revolution d'estat les Papalins qu'il avoit choquez ne le deterrassent & ne brulassent ses os.

Sur le sujet du tombeau de la

Princesse *Verde Scaligera*, je luy demanday ce qu'il croyoit de Jules & de Joseph Scaliger. Il me dit que toutes les gens raisonnables & entendus, les croyent veritablement issus des Princes de Verone. Au reste il appelloit ces deux grands hommes *viros millenarios*, c'est à dire de ces sortes d'hommes dont la Nature ne produit qu'un ou deux en mille ans. L'Epitaphe du Doge Andrea Vendramino s'y void aussi, qui mourut en 1478. âgé de 85 ans. Ce fut luy qui fit lever aux Turcs le siege de Croye. Celuy du Medecin Valerio Superchio est remarquable, à cause de l'avantage qu'il a procuré aux Medecins d'estre dispensez des Charges publiques. *Valerio Superchio Pisaurensi Poëtæ Magno, Oratori maximo, Medico consummatissimo, qui in Senatu facundiâ suâ Medicorum Ordinem ab oneribus publicis liberavit: uxor liberique B. M. P. O. 1540. die 13. Octobr.* Les Medecins sont habillez comme les Nobles. Les Libraires font venir leur papier à imprimer *d'Udine* qui est

d'Italie.

une jolie ville du Frioul, distante 60 milles de Venise.

A dix mille d'Udine & à quatre d'Aquilée & six de Gradisca est dans le Frioul la forte place de *Palma-nuova*, qu'ils bâtirent en 1593. aprés avoir consulté tous les meilleurs Ingenieurs des Princes leurs amis, & particulierement du Roy Henry le Grand & du Prince Maurice. L'Italie n'est nulle part si ouverte par terre que de ce costé-là: les peuples Barbares ayant toûjours fait par là leurs grandes irruptions: parce que les Alpes nommées Julies y laissent un passage de plain pied large de 40 mille jusqu'à la Mer. Cette forteresse sert aux Venitiens & à toute l'Italie, de barriere contre le Turc & la Maison d'Austriche. Elle est composée de neuf grands Bastions Royaux, accompagnez de 18 puissants Cavaliers; & toutes choses à proportion.

Les Venitiens ont quantité de Forts à entretenir: car toutes leurs Frontieres en sont garnies, comme Lignano proche du Mantoüan; la

Scala proche du pays de Trente à 3 milles du pas fort & étroit appellé le Kobel, de la Maison d'Austriche: Peschiera & tant d'autres dont la garde & l'entretien leur coûte des sommes immenses : mais ils n'épargnent rien pour leur seureté.

Muran est une ville dans la Mer à un mille de Venise, où se font les belles glaces de Venise, & toute sorte d'ouvrage de verrerie & de crystal. Il y a soixante Isles autour de Venise, & dans toutes on y voit de belles Eglises, ou Palais, ou jardinages. Il y a dans Venise plus de 400 ponts, & il ny en a qu'un seul sur le grand Canal, qui est le pont de Rialto, lequel n'a qu'une seule arcade, mais fort large & bâtie de marbre. Il a coûté 250 mille écus, il est d'une excellente architecture.

Au delà de ce Pont on va prendre la barque pour aller à Padoüe ; elle s'appelle *la Barca di liberta :* parce qu'on y parle de toutes choses sans danger. Il y a des barques pour le jour, & d'autres pour partir de nuit. On va 5 milles sur les Lagunes, jusqu'à *Lizza Fusina*, où l'on prend la Brenta, qui ne s'embouche pas en droite ligne, mais de biais, crainte qu'elle n'entraine trop de sable, qui pourroit gâter le passage & mesme faire un chemin de terre jusqu'à Venise. Les bords de la Brenta sont garnis de beaucoup de petits Palais & maisons de plaisance.

PADOUE.

Padouë est à 30 milles de Venise. C'est une grande & vaste ville, & l'une des plus anciennes du monde : elle a esté bâtie à ce que l'on croit, par Antenor aprés la destruction de Troye. On void en une ruë une tombe haut élevée qu'on appelle vulgairement le sepulchre d'Antenor. Quelques méchans vers Latins y sont gravez, & en lettre mal formée.

On croit que le Pô passoit autrefois dans cette ville, & qu'elle en a pris le nom de *Padua* & de *Patavium* pour *Padovium*. Les eaux de la double Brenta la fortifient, &

rempliſſent ſes foſſez. Elle eſt fortifiée de petits Baſtions à l'antique, & n'a point de dehors : ſur le rempart on trouve un agreable promenoir ſans arbre. Le terrain en eſt ſi bon pour un ſiege, que quoy que l'Empereur Maximilien I. lorſqu'il l'aſſiegeoit, fit polir & comme brunir tous les boulets de ſon canon, de ſorte qu'ils faiſoient des trous de 18 pieds profonds, neanmoins il ne purent ébranler ce rempart, lequel eſt reveſtu de bonne brique : il y avoit pluſieurs Enfans de Senateurs de Veniſe dans cette place, qui s'encourageoient les uns les autres pour la defendre. Cette ville leur ſert de clef de terre ferme de ce coſté-là. Aujourd'huy il n'y a point de garniſon, parce qu'ils ſont à couvert par d'autres places de guerre, Peſcaire, Breſce, Creme, & les Forts qui ſont au deſſus de Bergame.

La cloche du Palais ſonne tous les ſoirs aprés Soleil couché 39. coups reglement : en memoire, diſent ils, de 39 conjurez, qui livrerent la ville à l'Empereur Maximilien, pendant que le peuple s'amusoit à certains jeux, dont on conserve encore la memoire par un grand cheval de bois, qui representoit le cheval de Troye. L'Empereur ne garda la ville que six semaines : car les Venitiens la reprirent, ensuite dequoy l'Empereur y mit le siege dont j'ay parlé, & n'en put venir à bout.

Les Padoüans appellent *il Santo*, la belle Eglise où est enterré leur S. Antoine. Le grand guerrier Erasme de Narni y est aussi ensevely. C'est celuy qu'on connoit sous le nom de *Gatta-melata*, c'est à dire la foüine, qui luy fut donné pour ses stratagemes de guerre. Sa statue à cheval en bronze est au devant de cette Eglise. L'Autel de S. Antoine est tres beau. La vie de ce Saint y est gravée en bas reliefs de marbre, & les reliques sont dans la sacristie.

Sainte Justine est une belle & riche Eglise, elle est toute pavée de beau marbre blanc & rouge. Cette Sainte estoit de Padoüe. Elle y souffrit le martyre avec plusieurs autres, du temps de la primitive Eglise, sous l'Empereur Maximien. Le tableau du grand Autel est de Paul Veronese. Derriere le Chœur & sur les sieges des Ecclesiastiques sont gravées plusieurs Histoires de la Bible, de la main de l'excellent Sculpteur Richard, François de nation. Ce bois vaut mieux que le marbre: aussi bien que la sculpture des bancs du Chœur de Saint Dominique de Bologne. A Sainte Justine sont des Moines Benedictins. La belle reparation de cette Eglise est à peine achevée.

Dans les Augustins je vis la statue en marbre d'une belle petite fille étenduë de son long, qui dort accoudée sur le bras droit, & cette Epitaphe au dessous:

Lucretia filia Kriss. quæ vixit annos 4. menses 8. Nicolaus Priolus Patavij Prator puella dulci memoriæ requietorium posuit.

On me parla des Religieuses de Sainte Agathe, & d'un Gentilhomme, qui se mit en colere quand on luy demanda le nom de ce Convent. Il y avoit sans doute quelque sœur, car en Italie, ils sont aussi jaloux de leurs sœurs que de leurs femmes; & on nomme aussi bien *becco*, un homme de qui la sœur se divertit, que si c'estoit sa femme.

Dans le Dome le fils du Jurisconsulte Sylvaticus y est enterré, son Pere y a fait graver cette Epitaphe : *Nunquam satis defleto laudatoque Pater inconsolabilis.*

La salle du Palais de Padouë est extremement grande & n'a point d'appuy ny de soûtien au milieu. Elle a de long 156. pieds Geometriques & de large 86. le Lambris est haut à proportion. C'est une voute de bois travaillée avec beaucoup d'art, le toit est de plomb au dessus. Dans la longueur de la salle on y a peint plusieurs figures d'Astrologie, qu'on dit estre des mysteres & divinations ou propheties de *Petrus Aponus*, surnommé le Conciliateur, grand Medecin & Philosophe, que Cardan dit avoir esté celebre Necromantien. Les murailles des deux bouts de cette salle sont faites de biais à dessein, par le caprice dudit *Aponus*. Au haut il y a de petites fenestres à chaque bout, par où deux jours de l'année les rayons du Soleil traversant en droite ligne, l'on voit au bout de la salle le bust de Tite Live, avec cette Inscription ancienne, que quelques-uns veulent appartenir pluſtoſt à un autre Tite Live qu'à ce fameux historien : car celuy-cy est surnommé *Halys concordialis*.

V. F.

T. LIVIVS

LIVIAE T. F.

QVARTAE L.

HALYS

CONCORDIALIS

PATAVI

SIBI ET SVIS

OMNIBVS

D'autres

d'Italie. 241

D'autres Auteurs entre lesquels est le Sçavant Cavalier Ursati, qui a écrit les monumens antiques de Padoüe, assurent qu'elle est veritablement de luy mesme, & disent qu'Halys estoit ce Lucius Halys gendre de Tite Live dont Seneque fait mention. Les Magistrats ont fait mettre dans cette sale des Inscriptions & Eloges de leurs illustres Citoyens.

Prés de là dans la mesme salle on y lit un Eloge d'honneur dressé à Speron Sperone, par decret de la ville l'an 1594. Il y en a aussi un autre à la gloire d'une belle Padoüane nommée Lucresse qui aima mieux perdre la vie que son honneur. L'Histoire en est belle, & son action est beaucoup plus loüable que celle de l'ancienne Lucrece.

Sur trois portes de cette salle l'on voit les bustes de trois Illustres Padoüans, Petrus Aponus, Albert l'Hermite, & le Jurisconsulte Julius Paulus, Prefet du Pretoire & Consul sous Alexâdre. Severe Asinius Stella & Asconius estoient aussi Padoüans.

L

L'Vniverſité de Padouë fut fondée par l'Empereur Frideric Barberouſſe, à l'envy de celle de Bologne. Meſſieurs de Veniſe l'entretiennent avec honneur. On y lit ſur le frontiſpice cette Inſcription.

Gymnaſium omnium diſciplinarum, Princ. Paſch. Ciconia Præſidibus Ioanne Superantio & Federico Sanuto, Reformatoribus Ioan. F. Priolo, Proc. Zacharia Contarino, Leonardo Donato, Inſtauratum ann. 1591.

Et tout en haut eſt cette belle exhortation à la jeuneſſe.

Sic ingredere, ut te ipſo quotidie doctior: ſic egredere, ut in dies Patriæ, Chriſtianaque Reip. utilior evadas. Ita demum Gymnaſium ſe feliciter ornatum exiſtimabit. Ioan. Cornelius Prætor & Ant. Priolus Præfectus, anno ſalutis 1600.

Aux Galeries qui entourent les

Auditoires sont peintes diverses Armoiries, Noms & Eloges des Ecoliers qui ont eu des charges dans l'Vniversité, entr'autres celle-cy : *Gustavus Adamus Baner, Magni Imperatoris magnum incremētum, cùm Imperatorias artes à contubernio sapientiæ peteret, ne unquam privatus esset, Gymnasium regere jussus ita imperavit, quasi diu paruisset : ita pace usus est, ut Summi Ducis augurium expleverit juris studiosi P. P. 1650.*

Et cét autre, *Aloysio Longhenæ I. V. D. Patricio Brixiano, cujus candidi mores obvia comitas, pertinax de cunctis benemerendi studium ; incertum plusne dignationis Magistratui dederint quàm acceperint. Artium ac disciplinarum studiosi, prorectori semper expetendo P. P.*

Contre la muraille du grand Auditoire de droit à Padoüe, l'on a écrit avec du charbon cette Enigme.

Un cento, un cinque, un cinquanta, un zero, sono l'aspra cagion che mi dispero.

Le vieux Astrologue Argolus Professeur à Padoüe estoit natif de Rome. C'est luy qui a fait imprimer des Ephemerides, & qui estoit en reputation pour les Horoscopes. Il reussit pourtant fort mal à celuy du Cardinal Mazarin. Il disoit à ceux qui le venoient voir, & qui le mettoient sur ce chapitre, que ce Cardinal selon toutes les regles de l'art devoit infailliblement mourir de mort violente, & qu'il estoit menacé d'assassinat, poison, échaffaut &c. Et que Monsieur de Longueville avoit son genethliaque. Cependant nous l'avons vû mourir dans son lit tout comme les autres hommes en un beau jour serain. Ledit Argoli perdit beaucoup de sa reputation en Italie, ayant assuré qu'Urbain VIII. mourroit plus de cinq années avant qu'il soit mort.

Les Professeurs ont vacance presque tout l'Eté. Zanforte qui estoit le premier Professeur en Medecine fils d'un paysan de Verone y a fait une assez grande fortune. Charles Patin Parisien, celebre pour ses Livres de Medailles, y est aussi Lecteur en Medecine. Octavio Ferrari Professeur de la langue Grecque & de l'éloquence y est fort estimé.

Le Comte Lazara a un des plus beaux cabinets de Medailles qui soit en Italie. Le jardin Botanique des Medecins de Padouë, n'est pas si beau que ceux de Montpellier & du Fauxbourg S. Victor de Paris.

Par une porte de derriere du Palais de Padouë, on trouve la pierre, sur laquelle on fait asseoir ceux qui font cession. On montre en un autre endroit la tour où le Tyran Ezelin faisoit tourmenter ses prisonniers. Le Palais du Foscari est bâty sur les ruines d'un Ancien Amphiteatre.

VICENCE.

Vicence a le renom d'estre une belle & agreable ville. Les Palais y sont beaux; le vin y est excellent, & la campagne tres fertile. Le

Sçavant Julius Pacius Profeſſeur à Montpellier, puis à Valence y eſtoit né. Le Dome S. Laurent, le Palais du Podeſta & du Capitaine, le Mont de Pieté, & l'Egliſe S. Eſtienne meritent d'eſtre vûs. Elle eſt éloignée 18 milles de Padoüe.

Le lendemain matin nous laiſſames à main droite la petite ville & l'agreable Chaſteau de Soave à 10 milles de Vicence. Il me ſemble que c'eſt là ou nâquit le fameux Fra. Paolo Servite.

VERONE.

Verone eſt à 28 milles de Vicenze & 46 de Padoüe. C'eſt une tres belle ville, riche, marchande & pleine de curieuſes antiquitez. Le grand Amphiteatre eſt le plus entier qui reſte aujourd'huy au monde, & l'un des plus magnifiques. Il eſt bâty de marbre blanc & rouge. On l'appelle l'Arena auſſi bien que celuy de Niſmes. Il eſt en forme ovale comme le Coliſée de Rome, & a 46 degrez fort hauts & fort larges. La deſcription de tout ce qui eſt de beau dans Verone a esté si fidelement faite par le Docte & curieux Moine Augustin Onuphrius Panvinius Veronois, qu'il n'y a rien à chercher aprés luy.

Je diray seulement que lors qu'on est sur le beau pont de marbre, sous lequel coule l'Adice, la situation de Verone & de ses collines a beaucoup de rapport avec celle de la ville de Lyon. Il y a en haut deux Chasteaux ou Forteresses, il en faudroit autant à Lyon, il y en a une troisiéme en bas.

Au Palais du Capitan grande on lit cette inscription moderne :

Zach. Bar. Eques Veronens. Præf. nonnullas in agro, tres in urbe arces instauravit, Prætorium hoc sublicium marmoreum fecit; forum ampliavit; curiam ædificavit; in penuria annonæ famem defendit; Remp. integre gessit; æquale jus omnibus reddidit; ejus discessum lacrymis decoravit 1476.

Cette Inscription est bien plus

naïve & moins empoulée qu'une qui est en quelqu'autre endroit mise à l'honneur d'un Capitan grande de cette mesme ville, où se lit *Viro utique adorabilis.*

Verone est l'une des fortes places de l'estat de Venise & des mieux situées. Aussi c'est de là qu'autrefois les Princes de la Maison de l'Escale ont étendu leur domination. Les sepulchres de plusieurs d'entre eux & de leurs femmes, sont fort élevez & fermez dans une petite place de la ville. La Sçavante Isotta Nogarola a esté un grand ornement dans sa patrie.

Le cabinet du Comte Moscardi est plein de raretez naturelles, antiquitez & bons tableaux. C'estoit autrefois celuy de Calceolarius, qui l'avoit fait imprimer.

Le Dome est assez beau, de même que Santa Euphemia & Santa Anastasia. Le Palais du Comte Gregorio Bevilaqua est orné d'une galerie remplie de raretez, de tableaux, & de statues : dans celuy du Comte Justi il y a de beaux jardins & de belles peintures. Il y a dans une grande ruë une porte antique & des Inscriptions anciennes citées par Onuphrius. On y void aussi l'Arc de Vitruve; mais on ne croit pas que ce soit le mesme qui a écrit de l'architecture.

MANTOUE.

Mantouë est à 24 milles de Verone & à 7 de la riviere du Po. Elle est bastie sur un petit Lac que fait la riviere du Mincio. C'est une tres belle ville & tres forte : elle est bastie avec beaucoup d'art, mais il faut grand monde pour la garder. Ses fortifications estant fort étendues. Il y a de grandes & larges rues & des Eglises magnifiques. Le Palais du Prince est beau; il estoit autrefois garny de meubles tres riches & remply de grandes raretez, avant que la ville eût esté surprise par le Comte Collalto l'an 1630. Le cabinet de Medailles estoit admirable, mais elles ont esté dispersées : on les peut reconnoistre à une petite aigle dont on les avoit marquées. C'est un des plus grands & des plus beaux Palais de l'Europe. Les appartemens du Duc sont ornez de quantité de belles peintures, & accompagnez de cours, de jardins, pour le plaisir, & d'écuries pour la commodité.

Le vaillant Jean de Medicis, chef des bandes noires, qui porterent toûjours cette couleur depuis sa mort, est enterré aux Dominicains. Il estoit Pere de Cosme de Medicis, qui fut le premier Grand Duc de Toscane. Bernard Tasso & les Capilupi, sont inhumez aux Freres Mineurs. Le Comte Baltasar de Castillon est enterré à 5 milles de Mantoüe dans l'Eglise de Nostre Dame.

Il y a d'autres belles Eglises qui sont curieuses à voir : comme Gradato, S. Barnabé, Saint Maurice, Sainte Ursule, le Dome, S. Sebastien, Sainte Barbe, les Jesuites. A S. François on voit un tombeau bien travaillé, & dans le refectoire du Convent un tres-beau tableau du Mantegne peintre fameux. Il faut aussi voir la Maison de ville, la boucherie, la Juifverie, & la salle des Comedies. Les Maisons de Plaisance du Duc répondent à la magnificence de son Palais. La Fontana est belle pour la chasse. Porto pour les orangeries. Marmirol pour les appartemens, les peintures & les jardinages. Goit qui est naturellement fortifiée pour la chasse & la belle veuë. Poggio-real pour les fontaines, grottes, jardinages, & peintures. La Favorite pour les jardins, les peintures & la pesche. Le Thé pour le parc, & les orangeries; l'Architecture de la salle des Geans est singuliere, & l'on entend d'un bout de la voute à l'autre pour bas que l'on parle.

Il y a à 12 milles un Monastere de S. Benoist dont fut Fondateur Boniface Marquis de Mantoüe, & Comte de Canosse, ayeul ou plutost Pere de la celebre Comtesse Mathilde, qui y est enterrée. Ce lieu admirable s'appelle *Podolirone*, ce sont des Moines du Mont Cassin, qui le servent.

CREMONE.

Cremone est à 36 milles de Mantoüe, située sur le Pô, belle & forte ville sous la domination d'Espagne. Elle a le plus haut clocher qui soit en Italie. Gabrino Fundulio estant Seigneur de Cremone le Pape Jean XXII. & l'Empereur Sigismond y monterent par curiosité. Gabrino homme méchant & cruel, fut fort tenté de les faire jetter en bas, & se repentit toute sa vie de ne l'avoir pas fait, seulement disoit il, pour faire parler de luy. Cremone a son Evesque suffragant de l'Archevêque de Milan. Elle estoit Colonie Romaine & fut bastie 545 ans aprés la fondation de Rome.

CREME.

Creme appartient aux Venitiens à 24 milles de Cremone ; elle est forte ; les bastimens sont beaux & le peuple superbe en vêtemens & en meubles ; les femmes y filent beaucoup & le blanchissage en est beau. Le Palais du Podesta & celuy du

d'Italie.

Comte Ludovico Sermone sont merveilleux, aussi bien que les Eglises de la Madona, Santa Maria *delle gratie*, celle des Religieuses de Sainte Monique, Saint Bernardin, S. François & Santa Maria della Croce hors de la ville, dans lesquelles on voit de beaux tableaux.

PIZZICHITONE.

Pizzichitone que nos François nomment *Pisqueton* est un fort Chasteau appartenant aux Espagnols, & situé entre Creme & Cremone: en cet endroit la petite riviere de Serimorto s'embouche dans celle d'Adda. C'est dans ce Chasteau que fut conduit François I. aprés sa prise devant Pavie, & de là le Seigneur de Lanoy le conduisit en Espagne.

Mais avant que nous avancer plus avant à Milan, retournons voir les places des Venitiens, que nous avons laissées pour aller de Verone à Mantoüe.

PESQUAIRE.

Pesquaire est une Forteresse située

sur le bout du Lac de la Garde ou Benacco, laquelle appartient aux Venitiens, comme font toutes les places qui environnent ce Lac; c'estoit autrefois les delices des Princes Scaligers. Outre l'eau du Lac, cette forteresse est entourée d'un pays marécageux, ce qui en rend l'approche difficile si on vouloit l'attaque. Il y a long-temps que cette place est en consideration, car il y a plus de 300 ans que le Poëte Dante disoit d'elle

Siede Peschiera, belle e forte arnese,
Da fronteggiar Bresciani & Bergamaschi.

Elle est à 20 milles de Mantouë, 14 de Verone, 26 de Bresce & 56 de Bergame. Du Lac de Pesquaire sort le Mincio; dont le cours fait un autre Lac à Mantouë. Il est quelquefois assez dangereux de voyager par là à cause des Bandits, qui roulent sur les frontieres des Estats de Mantouë, de Venise & de Milan. J'eus le bon-heur de rencontrer l'Illustrissime Cesare Martinengo, Seigneur considerable de la ville de

Bresce, lequel venoit avec trente Gentilshommes de ses amis, d'escorter le Capitan grande du pays Bressan, qui sortoit de charge & s'en retournoit à Venise. Je suppliay le Seigneur Cesare de souffrir que je me joignisse à sa troupe & que je pusse marcher sous sa protection. Il me l'accorda tres-civilement, & durant 18 milles que dura nostre chemin, il eut la bonté de vouloir que je l'entretinsse presque toûjours, & autant que le pouvoient permetre les chemins boüeux. Puis estant arrivez à Bresce, il voulut que je logeasse dans son Palais, où je demeuray quatre jours jusqu'à mon départ. Ce n'est pas luy qui porte le nom de Comte : c'est le Seigneur Lelio Martinengo ; mais il est fort vertueux & a beaucoup de merite. Il a épousé une Dame qui est de sa famille, fille du defunt Pietro Martinengo.

BRESCE.

Bresce est une des principales villes de guerre appartenant aux

Venitiens. Elle est située dans une plaine quoy qu'il y aye tout auprés beaucoup de collines & de montagnes. Le Chasteau est fort élevé & basty dans le roc. Il y a apparence qu'anciennement c'estoit un Château, car les Seigneurs anciens prenoient plaisir pour leur santé à bâtir aux lieux élevez, & le Poëte Catulle a dit de Bresce *Brixia Cygnea supposita Specula*. Cette ville à 3 milles de tour. Elle est plus longue que large & est arrosée d'un petit torrent nommé Garza. Il y a beaucoup de belles fontaines. Le Palais ou Hôtel de Ville est magnifique, & tient *del grande*, comme parlent les Italiens. Il sert aussi pour la justice ordinaire ; ce qui est cause qu'on y a mis cette Inscription au Frontispice.

FIDELIS BRIXIA
FIDEI ET IVSTITIAE
CONSECRAVIT

Les bastions & remparts sont comme ceux de Padouë : Le Château est difficile à prendre, il en contient trois, l'un sur l'autre, l'Art ayant aydé à la Nature. Il y a 70. canons sur les remparts & bastions, sans compter ceux qui sont dans les magazins.

Ie ne suis pas surpris que le courageux & brave Gaston de Foix, fut descendu de ce Château dans la ville, la pique à la main, à la teste d'une partie de son Armée, pour châtier les revoltez qui avoient receu l'Armée Venitienne dans Bresce, & qu'aprés un furieux combat ayant fait entrer le reste de ses troupes par une des portes gagnées, il fit un carnage de huit mille Soldats bien armez & saccageât la ville: mais je trouve bien cruel qu'il fit décapiter le jeune Comte Avogaro, qui estoit son ôtage pour la fidelité du Pere, qui se trouva estre de la conjuration.

Ce Comte ne fut pas seul décapité, le sieur Antoine Martinengo, frere du sieur Iean Iaques Martinengo, qui a écrit cette histoire, le fut aussi, car il estoit des principaux de la conjuration. Cette histoire est en manuscrit & le Seigneur Cesare la conserve curieusement, l'Auteur estoit son grand Pere. Le procez de ces jeunes Seigneurs & d'autres encore, y est en Original. Il se trouva au pouvoir de Iean Iaques, lorsqu'aprés la mort de Gaston de Foix, les Breslans reprenant leur ville, prirent en mesme temps l'Intendant de justice, qui avoit instruit les procez. C'estoit un Conseiller Italien du Duché de Milan, Commissaire pour le Roy Louys XII.

L'entreprise fust manquée par les conjurez en Ianvier 1512. La ville fut prise par les mesmes conjurez le 3. Fevrier : & ce fut à cause de la Tréve que Raymond de Cardonne accorda à Gaston de Foix : c'est pourquoy l'historien donne de grandes maledictions à Dom Raymond.

La bataille de Ravenne ou Gaston fut tué se donna le jour de Pâques de la mesme année. Iean Iaques Martinengo n'avoit que 25 ans quand il trama cette conjuration de Bresce.

Les noms des Eglises sont San Domenico, S. Faustino; Santa Maria *delle gratie*, qui est fort belle, il y a de tres beaux tableaux, le Dome, S. François où est un tombeau d'un François nommé Monsieur de Chabot, & derriere l'Autel un Tableau peint de la main de Romanin, Saint Pierre, S. Afro rempli de bons tableaux, S. Dominique, & dans S. Faustin la chasse des corps de leurs Patrons, S. Faustin & S. Ioviato, est suspendue dans le cœur. Elle est de marbre, & c'est l'un des beaux tombeaux, & des plus singuliers ouvrages qui soient en Italie. Ie remarquay aux Cordeliers sur une tombe un cœur jettant des flammes & pour ame ces deux mots tout seuls, *ignem æternum*. Dans les Carmes proche d'une Chapelle où il n'y a que des tableaux qu'ils veulent troquer pour des statues de marbre, il y a un tronc avec cét écriteau, *Limosine per far le figure conforme al dissegno.*

La ville de Bresce est en reputation pour les belles armes qui s'y travaillent, c'est à dire de beaux canons de fuzil & de pistolet, qui sont bons & extrememenent polis. Ils appellent le calibre *l'anima*.

Dans le Chasteau de Bresce est écrit contre un mur ce quatrain sur le départ d'un Signor Governatore *Erizzo*. Il y en a eu trois de cette famille, *Giovanni*, *Iacopo* & un autre.

Parte il gran Erizzo carco d'honori,
Sopra un carro di gloria, e seco adduce
Quel generoso trionfante Duce,
Alme legate & militanti cuori

Ie vis dans Bresce un bon petit homme, nommé Giovan Iacopo Renato, qui avoit la ferme de l'eau de vie, & qui tenoit boutique & la vendoit en détail, lequel de luy mesme sans estude s'estoit adonné à la Geometrie & sur tout aux forces mouvantes. Il a fait pour l'Arsenal du Chasteau une machine qui leve tout d'un temps deux coleuvrines de cent livres de bale chacune. Au port de Venise il a tiré de l'eau

d'Italie. 261

une grosse barque submergée. Il se vante que luy & son fils leveront de terre, l'une des grandes Colonnes qui sont à l'entrée de la place Saint Marc, & l'iront planter à l'autre bout avec cette machine. Il dit qu'il sçait facilement détourner les rivieres rapides, & que pour les fontaines il fait remonter l'eau tout autant qu'il veut. Il a son Livre manuscrit plein de ses desseins. Messieurs de Venise luy donnent de pension 30 Ducats par mois : mais c'est un homme à ne se pas faire valoir.

La Maison de l'Evêché est magnifique, elle est accompagné d'un beau jardin. La place, la Maison de ville, & l'Hôpital des femmes sont curieux.

BERGAME.

Bergame est à une journée ou 30 milles de Bresce. La ville est jolie, forte & marchande. Le negoce est familier avec les Suisses. Pour y aller de deux grands Fauxbourgs qui sont en bas dans la plaine, il faut beaucoup monter. Il y a 12 beaux baſtions ou plate formes & des forts aux endroits qui la commandent. A deux cent pas de la ville il y a une eſpeçe de Citadelle tres-bien fortifiée qui a communication avec la ville par une galerie ſous terre. On la nomme la Capelle. Il y a cinq grands Fauxbourgs & dans celuy du Canale l'on voit une belle Egliſe de S. Godard. Celles de la ville qui ſont des plus conſiderables ſont Sainte Marie Majeur, le Dome, S. André, les Carmes & les Auguſtins.

Cette ville ayant eſté aux Ducs de Milan, les Scaligers, les Malateſtes & les François; elle ſe donna enfin aux Venitiens. Barthelemy Coglione d'Andegaula ce grand Capitaine à qui on a érigé une ſtatue à Veniſe, en eſtoit natif; c'eſt pourquoy quelques-uns l'appellent Barthelemy de Bergamo : il y a eu un Moine de ce nom. Le tombeau du premier eſt à Sainte Marie. Ambroiſe Calepin connu par les gens de lettres eſt enterré dans les Auguſtins.

LA CANONICA.

La Canonica à 14 milles de Pergame est un Bourg de l'estat de Milan, au bord de l'Ada dans le pays qu'on appelle *la Ghiera d'Ada*, c'est à dire *les rives d'Ada*, où le Roy Louys XII. gagna une grande bataille contre les Venitiens. Leur vaillant General Barthelemy d'Alviane y fut pris prisonnier, & de cette victoire suivit la prise de tout ce que les Venitiens possedoient par deçà en terre ferme. Quand nous eûmes traversez l'Adda nous montâmes environ cent pas & trouvâmes le Canal du Naviglio, qui va jusques à Milan pendant 16 milles. Ie crois que c'est celuy qu'on nomme Naviglio Martesana. Il nous conduisit jusqu'à demy heure de chemin de Milan : car proche de la ville, il n'y avoit pas assez d'eau pour nôtre batteau, & mesme je ne vis de ce côté-là ny barque ny barquette.

MILAN.

En entrant dans Milan par cét endroit il n'y avoit ny garde ny sentinelle : dont nous fûmes surpris, car c'est la coûtume en entrant, d'estre conduit au Gouverneur.

Nous trouvâmes seulement une consigne de Doüaniste : mais en sortant de Milan par la porte qui conduit à Sesti, & au Lac Majour, nous trouvâmes des gens qui nous firent beaucoup de demandes.

Les murailles de cette grande ville sont de brique & les bastions assez beaux. Les Fossez en quelques endroits sont bons, en d'autres mediocres : secs en quelques lieux, & en d'autres pleins d'eau selon qu'ils sont proches ou éloignez des canaux du Naviglio. Les dehors ne sont pas par tout fortifiez, mais seulement quelques Eperons avancez selon la necessité. Ce qu'il y a d'excellent, c'est qu'en tout le tour de Milan, l'on voit entre les murailles & les bastimens un tres grand espace, qui pourroit servir

à

à tout le peuple de Milan, de retranchement. La ville est située dans la plaine. Le tour des murailles est aussi grand que celuy de Paris, il y a prés de trois cent mille Habitans: les rues sont belles & larges ornées de beaux Palais, & d'une infinité d'Eglises avec de belles places. On y vit fort delicieusement. L'abondance de toutes sortes de provisions de bouche a donné lieu au Proverbe suivant. *Solo in Milano si mangia*; & cét autre, *chi volesse rassettare Italia, rovinarebbe Milano.*

Le Dome qui est l'Eglise Archiepiscopale dediée à la Sainte Vierge, est aprés S. Pierre de Rome le plus merveilleux édifice nouveau, qui soit en Italie. Encore a t'il cét avantage sur celuy de S. Pierre, qu'il est tout de marbre dedans & dehors jusques aux clocher. On m'a assuré que les fondemens de cette Eglise sont aussi profonds que son élevation. Jean Galleas Viscomte en fut le Fondateur en 1336, & depuis ce temps-là il n'a pû estre achevé. Pour

M

bâtir seulement le Frontispice, je vis un legs immense d'un simple Citoyen de la somme de deux cent trente mille écus d'or. L'inscription en est à côté du Chœur en ces termes.

Erigendæ Templi hujus fronti, atque exornandæ, Ioannes Petrus Carcanus Mediolanensis CCXXX. aureorum millia legavit : Fabricæ curatores pio & munifico viro ex testamento P. P.

Ce qu'on avoit déja fait de ce Frontispice coûtoit 60 mille écus, & on l'abbatit, parce qu'il gâtoit le dessein de le faire tel qu'on le veut. La longueur de cette Eglise est de 223 pas communs & la largeur de 88. S. Charles Borromée y est inhumé & fort reveré. Ce Dome est enrichy par dedans & par dehors, de six cent statues, qui ont coûté, dit-on, mille écus piece.

Du haut du clocher du Dome, je vis avec des Lunettes d'Hollande la situation du Chasteau de Milan, qui passe pour une des meilleures places de l'Europe. Il y a six bastions reguliers avec de bons dehors. Dans ces bastions à la moderne, il y a le vieux & fort Chasteau des Ducs de Milan, qui est de brique flanqué de grosses tours. Tout au tour est au haut une galerie ou Corridor couvert où l'on dit qu'il y a des canons de trois en trois pas, on en a conté jusqu'à 800. Il y a ordinairement plus de douze cents hommes en garnison. Au milieu est le *Maschio della fortezza*, c'est à dire, le Donjon. Les fossez sont remplis d'eau & à fonds de cuve. En observant cette Citadelle de plus prés, l'on remarque que sur chacun de ces six bastions, il y a 16 pieces de gros canons sans ceux qui sont au Casemattes & qui defendent le fossé: celle de cette galerie couverte ne paroissoit point par dehors, au moins du costé où j'estois. La ville a esté souvent détruite, entr'autres une fois de fonds en comble par Alaric, & une fois par Frederic

Barberouffe, qui y fit femer du sel.

A S Nazario font les beaux fepulchres des Trivulces parmy lefquels excelle celuy du grand Iean Iaques Trivulce Maréchal de France, qui s'eftoit trouvé en 18 batailles, l'Epitaphe en fait foy, *qui nunquam quievit hic quiescit.* Les Trivulces ont encore un Hôtel à Lyon.

Ie vis au Palais des Trivulces de Milan, le portrait de ce Maréchal & celuy de Theodore Trivulce auffi Maréchal de France. La principauté de Maffe dans le Milanois, appartient à leur Maifon Le Cardinal Trivulce avant qu'eftre d'Eglife avoit efté marié. Il eftoit Viceroy de Sicile, & il en empefcha la revolte qui alloit preceder celle de Naples.

Dans la vielle Eglife S. Ambroife il n'y a aucune ftatue. Seulement une Colonne de marbre verdaftre haute de 12 pieds, avec un ferpent d'airain au deffous qu'ils croyent eftre celuy de Moyfe, que l'on confervoit auparavant dans le Tresor de Nicéphore Empereur d'Orient.

Ie vis San Celso & la belle Eglise Nôtre-Dame & le chemin du Fauxbourg ouvert par Louys & Beatrix Ducs de Milan : la belle façade de marbre des Religieuses de S. Paul dans ce Faux-bourg, & j'entendis leur belle musique. Ie vis aussi l'ancien Temple des Saints Gervais & Protaise Patrons de Milan, proche la place du Château. Le Monasterio grande des Benedictins, non loin du Château, où sont les belles peintures de la vie de Jesus-Christ. Une maison publique proche le Change des Marchands, sur laquelle est écrit, *Augustinus hic humana docens, divina discit*. Le portrait du Poëte Ausone est en marbre en cét endroit.

L'Eglise Santa Maria Scaligera a esté bâtie par Regina Scaligera femme de Barnabé Viscomte Duc de Milan. Il y a à S. Dominique dans le refectoire l'excellent tableau de Leonardo Vinci, qui represente la Cene. Comme il y eut peint tous les Apoſtres & qu'il eut donné aux deux Saints Jaques des viſages admirables, il laiſſa celuy de Noſtre Seigneur imparfait, crainte de ny pas reuſſir. Les Egliſes de S. François, de Saint Fidele Convent des Ieſuïtes, de S. Victor, & pluſieurs autres meritent d'eſtre veuës : de meſme que les ſept Hôpitaux : celuy de S. Gregoire hors des murs eſt le plus beau & le mieux bâty.

Le grand Hôpital eſt fondé par un Duc de la famille des Sforces & ſa femme. Il a quatre allées en croix; on a bâty celuy de Lyon ſur ce modele, il eſt plus beau que celuy de la vieille croix de Milan : mais pour le nouveau baſtiment, le leur eſt incomparablement plus magnifique par dehors & par dedans. Les portiques d'une des baſſes cours ſont ſoûtenus par quatre-vingt Colonnes de marbre.

Dans la belle Bibliotheque Ambroſiene il y a un Gardien qui eſt Docteur de grande erudition, il eſt tres-obligeant. Il m'aſſura qu'il y avoit plus de quarante mille volumes, & neanmoins tous ses Livres sont dans une seule salle merveilleusement exhaussée, il y en a jusques tout au haut. On va autour de cette élevation, par de petites galeries ou corridors. On tient enfermé & fort precieusement un manuscrit en grand papier, qui est remply de desseins de forces mouvantes, & semblables secrets d'Ingenieurs & Architectes. C'est un legs de l'Auteur, qui en avoit refusé deux mille écus d'or d'un Seigneur d'Angleterre. Il n'y a rien de si aymable que le portrait du Cardinal Frederic Borromée, il est peint à l'âge de 35 ans. C'est luy qui laissa cette Bibliotheque au public. Il estoit Archevesque de Milan.

Il y a dans cette ville quantité de riches Marchands & d'excellens Ouvriers & grand nombre de gens de lettre en toute sorte de profession. Monsieur Mezzabarbe de Birague est un Gentilhomme fort curieux, & particulierement pour les medailles antiques. Le Chanoine Septala mort depuis peu, avoit un

M iiij

des plus beaux cabinets de raretez qui fut dans le monde. Il y a de toutes sortes de curiositez naturelles & artificielles, medailles, instrumens de musique, machines de Mathematique, & horlogerie, & qui plus est, c'estoit l'homme le plus obligeant, & qui prenoit le plus de plaisir, à le faire voir aux Estrangers.

De Milan on peut aller voir *Lodi* ville de guerre qui en est éloignée de 20 milles : Comme le Lac de Fuentes. De l'autre costé Pavie, Novarre, Tortone, Alexandrie, Nice de la paille, & si l'on veut Casal qui est une des plus fortes places d'Italie, capitale du Montferrat.

PAVIE.

Pavie est à 20 milles de Milan. Elle a souvent esté le siege des Roys de Lombardie. C'est une ville de guerre & une ville d'étude. Elle s'appelloit anciennement *Ticinum*, du nom du *Tesin* qui la baigne. Mais quand elle se fit Chrestienne on luy donna le nom de *Papia* quasi *Patria pia*. La belle Chartreuse de marbre bastie par le Duc Jean Galleas Viscomte, où est son magnifique tombeau, est à cinq mille de Pavie.

MONZA.

Monza en Latin *Modoëtia* à 10 milles de Milan, sur la petite riviere *Lambra*, estoit autrefois plus grande que maintenant. L'on y conserve la Couronne de fer dont les Empereurs se faisoient couronner à Milan. Elle est veritablement d'or, mais on la nomme de fer, à cause d'un cercle de fer qui la traverse, qu'on dit avoir esté forgé d'un clou de la Croix de Nostre Seigneur.

Pour retourner d'Italie en France, je choisis mon chemin depuis Milan jusqu'au Lac Majour sur lequel je m'embarquay, pour ne pas aller plus avant dans le Milanois à cause de la guerre entre l'Espagne & la France. Les garnisons de cét estat n'ayant gueres de respect pour les passeports, outre que j'estois bien aise de voir les hautes & effroyables

Alpes du pays de Valay, qui surpassent mesme celles des Grisons. Je veux neanmoins dire un mot de Turin avant que d'achever mon voyage.

TURIN.

Turin est une assez grande ville dans la plaine sur le Po & la Doire, une des plus riantes & des mieux bâties qui soit en Italie. Le quartier qui se bâtit de neuf, l'agrandira considerablement & n'en sera pas un des moindres ornemens. Le Dome est une belle Eglise où l'on conserve le Saint Suaire, qu'on fait voir une fois toutes les années avec grande ceremonie, & grande affluence de peuple. Prés le Chœur du Dome on bâtit une belle Chapelle pour cette relique. Elle est toute de marbre & d'une merveilleuse Architecture dont un Moine nommé P. Guarini tres habile homme prend le soin. On y entre par le Palais neuf. Elle est à peu prés comme celle de Florence & elle ne sera pas moins belle, ny moins superbe. Je croy méme qu'elle est plus grande, & qu'elle a quelque chose de plus surprenant dans la voute.

Les deux Eglises des Iesuïtes, & celle de la Madona del Monte, où sont les Capucins, sont aussi fort jolies. Le vieux Palais est de brique flanqué de quatre grosses tours rondes à l'Antique. Leurs Altesses y logent, quoyque le Palais neuf, qui y est attaché soit plus beau & plus commode. La place devant ce vieux Château est fort belle avec un portique sous lequel sont quantité de boutiques de Marchands. L'autre place neuve qui est tout auprés avec un beau portique autour est encore plus belle. La ruë qui va de là jusques à la porte de la ville est tres singuliere; les maisons sont d'égale hauteur. Il y a hors la ville un tres beau cours où l'on a planté quatre rangs d'Arbres à perte de veuë.

La Citadelle a 5 bons bastions reguliers, & dedans un tres beau puits, dans lequel on peut descendre d'un côté à cheval, & remonter par une autre montée

M vj

sans rencontrer ceux qui descendent.

La Bibliotheque de S. A. R. estoit belle & pleine de manuscripts, & entr'autres de ceux de Pyrrhus Ligorius qui a beaucoup écrit sur l'antiquité : mais le feu s'étant pris à diverses fois à la chambre où elle étoit, elle est negligée, & en desordre. Sur l'Escalier du Palais neuf, il y a une vingtaine de statues ou bustes antiques. Les salles sont enrichies de peintures & Tableaux de tres bons ouvriers. Il y en a de la main du Bassan, qui sont fort estimez. L'on bâtit de belles maisons à la place des jardins du Palais, & ainsi le Palais ne sera plus à l'extremité de la ville.

Les maisons de plaisance des environs sont belles & charmantes, Rivole, Moncalier, le Valentin, & Millefleur, qui sont à leurs Altesses Royales ; il y a aussi quantité d'autres maisons à des particuliers qui sont fort agreables.

De Milan j'allay 31. milles en carrosse, jusqu'à Sesti, Bourg bâty sur le Tesin, là où il sort du Lac

d'Italie.

Majour, en Latin *Lacus Verbanus*. Ie vis le lieu du combat entre l'armée commandée par les Ducs de Savoye & de Crequi, & celles des Espagnols commandée par le Marquis de Leganez.

De ce Lac à main gauche sur un penchant de la colline, l'on voit la petite ville & Château d'Arone patrie & lieu natal de S. Charles Borromée, qui a souvent esté attaqué par les François sans pouvoir estre pris.

Vis à vis est Angleria, Visconté qui a donné le nom aux Viscontes, depuis Ducs de Milan. Ce berceau de ces grands Princes, & les tristes reliques que j'avois veuës d'eux à Milan, me fit venir les larmes aux yeux : sur tout en me ressouvenant de Iean François Visconte, qui avoit esté lorsque j'estois jeune mon Professeur sous qui j'étudiois en Philosophie. La decadence de son illustre maison l'avoit obligé d'accepter une Chaire dans l'Academie de Die, que Monsieur le Connétable de Lesdiguieres luy avoit procurée ;

il l'avoit delivré de prison, lorsque durant les guerres de la ligue il prit sur les Frontieres de Piémont un Château, où l'on trouva ce pauvre persecuté, au fonds d'une grande Cuve, où il estoit arresté par l'ordre de l'Infante Catherine d'Espagne Duchesse de Savoye. Il a esté depuis Conseiller d'Estat du Roy Louys XIII. & est mort à son service. Ie parle de long-temps, mais la douleur rend les choses presentes. Le Lecteur pardonnera bien cette digression à ma gratitude.

Ce Lac Major est orné de plusieurs agreables Isles & Châteaux, qui appartiennent la plûpart aux Borromées. On ne peut aller que mal aisément à cheval sur les rives, qui n'ont presque que la montagne escarpée. Ie pouvois prendre terre à la Palanza à 17 mille de Sesti, mais je fus par eau encore 5 milles jusques au fond du petit Lac de *Margutte*, qui n'est qu'un cul de sac ou regorge l'eau du Lac Major. Ie pris à Margutte ou *Margozzo*, un cheval jusques à *Dom d'Ossola*, que les Italiens nomment *Domo d'Oscella*. Avant que d'y arriver je passay devant la villete *d'Ugogna*, située dans une vallée où je trouvay l'herbe verte dans la prairie au mois de Fevrier.

Estant à Dom d'Ossola petite ville jolie, le Gouverneur qui estoit un viellard Espagnol, me dit que, *los Mercadores de Genevra*, ne mettoient que cinq ou six journées delà jusques chez eux; mais qu'il m'en donnoit bien douze, Neantmoins le temps fut si beau & le chemin aussi par ces precipices, que je ne mis que six jours & demy jusques à Geneve, & je fus méme obligé d'aller presque toûjours à pied pendant 4 jours.

Mon hôte de Dom d'Ossola me disoit qu'en ce pays par toute cette entrée des Alpes, la grefle n'y incommodoit jamais leurs vignes, & qu'ils n'avoient point de ces bruines & mauvais temps qui ruinent les biens de la terre: mais qu'au rivages d'Orto en Lombardie dont il estoit natif, presque tous les ans il arrivoit un accident par le mauvais temps:

& que pour cela il avoit quitté le pays. C'est que les nuages se forment à la verité sur cette extremité des Alpes, mais le vent les porte dans la plaine où ils font de grandissimes ravages.

De Dom d'Ossola, je passay à la *Crevola*, où l'on commence à monter, à la val *di Veder* & de *Payan* dernier village du Milanois, l'on y parle Italien, & je me rendis le soir au village de *Sampion* en Valay, ou l'on parle Allemand. Le lendemain je montay durant trois heures & descendis durant une heure à pied la haute Montagne de Sampion, autrefois appellée, *Mons Sempronius*, ou *Scipionis*. Il n'y avoit de la nege que ce qu'il en falloit pour couvrir les cailloux. J'y vis une perdrix blanche de la grosseur d'une Tourterelle. Le soir j'arrivay à *Brig* sur le Rhône ville du Vallay. J'y saluay le Colonel Stokhalber l'un des chefs de guerre du pays & leur Secretaire d'Estat.

De Brig j'arrivay dans un jour à la jolie ville de Sion dont les deux montagnes & les deux Châteaux

d'Italie. 281

ferment la vallée. L'Evêque de Sion fut fait Souverain du Pays pas l'Empereur Charlemagne en memoire & veneration de la Legion Chrêtienne qui fut martyrisée à *Agaunum* avec son Colonel S. Maurice qui a depuis donné à la ville *d'Agaunum* le nom de Saint Maurice.

De Sion qui est en Latin *Sedunum* & en Allemand *Sitten*, je passay par un chemin fort court qu'on appelle les Folatieres; & ainsi je laissay *Martinach* en François *Martigny* & en Latin *Octodurum*. Delà à *Saint Maurice* puis à la *Porte du Sel*, qui ferme la vallée: c'est là où l'on reçoit le Sel qui vient de France, pour le conduire plus avant dans le Vallay; le Colonel Stokhalber faisoit travailler en ces quartiers là à un grand Canal, pour faciliter le transport des marchandises.

A une lieuë de la porte du Sel l'on trouve le village du *Bouveret*, dernier endroit du Vallay, là où le Rhône entre dans le Lac Leman, & puis en sort à Geneve qui est à 12 grandes lieües de là.

A une lieüe de Bouveret l'on paſſe à *Saint Gingueux*, premier village de Savoye, venant de ce côté-là: puis à *Evian* bâtie ſur le bord du Lac. Il eſt large de 4 lieües. Delà à *Thonon* qui n'eſt qu'une tres petite ville : l'on s'éloigne un peu du lac, laiſſant à main droite la Baronie d'Hermance, qui eſt au bord dudit Lac, à deux lieües & demy de Geneve, où je me rendis, & j'arrivay enfin heureuſement à Lyon, & y rendis graces à Dieu.

PREMIERE
LISTE DES

Cabinets, Eglises & Palais de Rome, & des pieces les plus curieuses qu'on y remarque.

I.

Cabinets de curiosité, & Bibliotheques de Rome.

CHEZ le Cardinal *Azzolini* sont quantité de tableaux de Lanfranc & d'autres Peintres modernes des plus fameux.

La Bibliotheque du Cardinal *Bonelli*, laissée par le Cardinal Alexandre neveu de Pie V. a des livres & des manuscrits singuliers entre lesquels est un beau Virgile écrit dans le huitiéme siecle.

Le Cabinet du sieur Jean Pierre *Bellori* proche S. Joseph au Mont de la Trinité est un ramas curieux de bijoux antiques, comme lampes, petites statues, urnes, inscriptions, vases lacrymatoires avec quelques tableaux fins.

Le Cabinet de medailles de l'Abbé *Brachesi* est un des mieux choisis particulierement pour une suite d'Empereurs de grand bronze. Il a aussi quelques bustes antiques & de bons tableaux.

Le Cabinet du Cardinal *Carpegna* a de tres belles medailles, & entr'autres une cinquantaine de medaillons, dont les plus beaux ont esté donnez au jour dans un livre Italien intitulé, *Scielta di medaglioni antichi del Em. Card. Carpegna 4. Roma 1679.*

Le Cabinet du Chevalier *Corvine* à la Lungara est de plantes, urnes, lacrymatoires, & desseins d'insectes. Il conserve une Salamandre qui est comme un petit Lezard, laquelle

d'Italie. 285

il dit avoir eu assez long temps en vie, qu'il avoit fait l'experience de ce qu'on dit qu'elle se nourrit dans les flammes, ce qui n'est qu'une hyperbole: car il est vray, dit-il, que quand il la mettoit sur du feu elle jettoit une bave qui l'éteignoit & qui l'empeschoit de se brusler, pourveu que le feu ne fust pas trop gros & ne se rallumast pas: autrement quand toute sa bave auroit esté épuisée, elle auroit esté consumée par le feu comme un autre animal.

Le Cabinet *d'Antonio* de gli Effetti pour les peintures, mignatures pierres precieuses & autres bijoux.

Les tableaux & les fleurs rares de Paul François *Falconieri*.

Le Jardin de citroniers, orangers & de fleurs rares de *Pierre Gigli* à la Lungara.

Le Cabinet de Ioseph *Felice* pour les graveures antiques sur les pierres precieuses.

La suite de medailles de Monsignor *Ginetti*, où se voyent deux medaillons singuliers. L'un d'Alexandre Severe avec l'Amphiteatre au revers & cette inscription Mv- nificentia Avg. & l'autre de Philippe avec un Temple au revers & ces mots Ex oracvlo Apollinis.

Le Cabinet du *College Romain* où sont les pieces de mechanique Dioptrique, Talismans & medailles du Pere *Kirker*.

La galerie de statues & de tableaux de Paul *Macarani*:

Le sieur *Luka* fait negoce de medailles antiques & les nettoye bien.

Le sieur Pietro *Rossini* à la place d'Espagne en fournit de mesme les curieux.

La Bibliotheque & le cabinet de toutes sortes d'Ambres de *Raymond Pennalis*.

Le Cabinet de desseins d'antiquité & de medailles du Chevalier del Pozzo, qui a aussi de beaux tableaux & entr'autres les sept Sacremens du Poussain.

La Bibliotheque, & les peintures de Teintoret, du Titien & de Paul

Veronese du Cardinal *Rasponi*.

Le Cabinet de peintures, camayeux, medailles & graveures antiques de *Felice Rondanini*.

La Bibliotheque, les manuscrits & les medaillons de la *Reyne de Suede*.

Les peintures & desseins rares du *Prince de Sicovaro*.

Le Cabinet de Carlo *Magnini* proche S. Andrea della valle, où est un recueil surprenant d'armes anciennes & modernes, de medailles & de bronzes antiques.

La Bibliotheque de Michel Agnolo *Ricci* Sçavant Mathematicien.

II.

Palais & Vignes de Rome.

LE Palais & jardin *Aldobrandin à Monte Magnanapoli*, a des statues & des bas reliefs antiques, les portraits de Balde & de Bartole de la main de Raphael, une Baccanale, une Nostre-Dame, une Judith & un S. Jerôme de l'admitable peintre Titien : une Pſiché du Carrache, quelques excellens tableaux du fameux Leonard Avinci, d'Albert Durer & de Jules Romain : & outre cela une peinture à freſque des anciens Romains repreſentant une Nopce, qui eſt la piece la plus entiere qui nous reſte des peintres anciens. On en a gravé la taille douce qu'on trouvera à Rome à l'enſeigne de la Pace.

Le Palais du Duc *d'Altemps* proche la place Navonne a quantité de buſtes, & de ſtatues ; mais entr'autres un beau triomphe de Bacchus de marbre fin, & pluſieurs manuſcripts anciens.

Le Palais de la Marquiſe *Angeleli*, a pluſieurs reliques & antiquitez Chreſtiennes imprimées dans le Livre intitulé *Roma ſubterranea* ; & de plus des peintures de Guido Reny & une Reſurrection de la main d'Annibal Carrache.

Le Palais *d'Aquaſparta* proche l'Hôpital du S. Eſprit, a dans la Cour & dans la galerie quelques buſtes & inſcriptions antiques.

Le

Le Palais de *l'Ambassadeur de Malthe* al Corso, a neuf ou dix statues dans la bassecour, un Jupiter, un Apollon, un Hadrien, un Antonin Pie & quelques autres.

Le Palais *Borghese* a une Cour bien bâtie avec des galeries soûtenues de Colonnes antiques, une belle & grande statue de la Deesse Flora, & dans les appartemens une infinité d'excellens tableaux & de meubles tres riches.

Le Palais *Chigi* à la Lungara, a une voute où est representé le Banquet des Dieux & des autres appartemens peints à fresque de la main du grand Raphael d'Urbin, & il ne se passe point de jour qu'on n'y voye une foule de jeunes Peintres, qui s'exercent à dessigner après ces beaux Originaux.

Le Palais du Cardinal *Chigi* à Santi Apostoli, a neuf ou dix chambres ornées de statues antiques, entre lesquelles sont un Apollon qui écorche le Satyre Marsias, une matrone Romaine assise, quelques Venus tres belles, & quatre Athletes trouvez depuis quelques années. Il y en a quatre qui font à peu prés la mesme posture; mais il y en a un cinquiéme expirant de sa blessure, qui est un chef d'œuvre de sculpture. On y void outre cela une Nostre-Dame de *Guido Reni*, quelques tableaux de Raphael & d'autres peintres renommez.

Le petit Palais du mesme *Cardinal* à la ruë de Sainte Marie Major, renferme un beau recueil de productions rares de la Nature, de lampes, d'urnes, de petites statues & d'autres bronzes antiques.

Le Palais du Marquis *Corsini* à Piazza Fiammetta est enrichi de statues, de peintures excellentes & de livres curieux.

Le Palais *Caietan* al Corso a sur son Escalier une douzaine de statues antiques, entre lesquelles une des plus curieuses est une Omphale vestuë de la depoüille de Lion.

Le Palais du Cardinal *Nerli* à Santa Maria in Campitelli a des bas reliefs & quelques statues antiques, & entr'autres celle d'un Sçavant Grammairien appellé Marcus Mettius Epaphroditus, qui vivoit sous les Empereurs Vespasien, Tite & Domitien.

Le Palais de *Santa Croce* est embelly de quelques statues & bas reliefs dans sa basse-cour.

Le Palais du Cardinal *Gabrielis* a sur l'escalier & dans la Cour quelques statues antiques.

Le Palais du Prince *Colonna* à Santi Apostoli, est meublé tres richement, & entr'autres d'un lit porté par quatre chevaux marins de bois doré, & outre cela de beaux tableaux, de bustes & de statues antiques.

Le Palais *Iustiniani* à la Rotonda, a une grande salle pleine de statues anciennes & modernes : & dans les autres chambres un *Ecce Homo* & une Nostre-Dame du Titien. Vu S. Jean au Desert de Guido Reni, Vn Baptesme de Nostre Seigneur du Carrache, & quelques pieces de Paul Veronese.

Le Palais du feu Cardinal de *Maximis* aux quatre fontaines, est orné de bas reliefs, de statues, d'une Bibliotheque & de medailles, qui se dissipent peu à peu depuis sa mort.

Le Palais de *Fabricii Maximis* à S. André a dans la Cour un tres beau Colosse de Pyrrhus, & dans la galerie deux bustes de Theophraste & de Xenocrates le Philosophe.

Le Palais & jardin de *Medicis* à la Trinité du Mont, a des bas reliefs, des Termes, des statues & de Inscriptions. La belle Venus de Medicis si renommée y estoit, mais on dit qu'on la transportée depuis peu à Florence.

Le Palais *Barberin*, autrement du Prince de Palestrine, renferme une quantité surprenante de belles statues & de bustes antiques. Deux ou trois tableaux de Raphael, du Bassan & du Poussain. Vne voute admirablement belle, peinte par Pietro da Cortone. Vne Bibliotheque où il y a des manuscrits & d'autres antiquitez. Dans le jardin plusieurs inscriptions antiques imprimées dans la description du Palais, intitulée *Ædes Barberinæ.*

Le *Capitole* renferme quantité de belles choses. Les inscriptions des Consuls & autres Magistrats Romains. Les statues de Marius, de Ciceron, de Jules Cesar, d'Auguste, de Virgile & du Heros Aventinus. Celle du jeune homme qui s'arrache une épine du pied. Les 3 furies. Dans la basse Cour du milieu est le Marc Aurele de bronze à cheval, & dans celles qui sont à côté, Marforio qui estoit la statue du Tybre, une teste & un gros arteüil d'un statue Colossique de Domitien. Vn tombeau de marbre, qu'on dit estre d'Alexandre Severe & de Mamæa : mais d'autres en doutent. La Colonne *Rostrata* de Duillius : La Colonne milliaire d'où l'on commençoit de compter les milles; les statues de Castor & de Pollux, les trophées de Marius, ou comme les sçavans veulent de Trajan. Des adlocutions, des chars de triomphe & des sacrifices en bas reliefs, & outre tout cela dans les appartemens plusieurs peintures du Chevalier Gioseppe.

Le Palais *Lancelotti*, rue des Coronari, a dans la bassecour des statues & des bas reliefs.

Le Palais nouveau des *Paluzzi ou Altieri*, au Jesu, est un des plus superbes de Rome. Il y a au bas de l'escalier une statue d'un Roy captif, qui fut trouvée il y a quatre ou cinq ans, proche la place Navonne.

Le Palais *Pamfile* à la place Navonne, a des statues & des tableaux, & une voute peinte à fresque par le fameux Pietro da Cortone.

Le Palais du Cardinal *Raggi*, a quelques bons tableaux, & entre-autres une Sainte Dorothée de Guido Reni, la vertu de Paul Veronese, & autres pieces rares.

La porte del *Populo*, est du dessein de Michel Ange, & de l'architecture de Jaques Barozzi de Vignola, achevée par le Cavalier Bernin. Le S. Pierre & le S. Paul sont du Mocchi.

Le Palais du Cardinal Jules *Rospigliosi*, a une fuite de la Vierge en

Egypte du Poussain, & des autres pieces du mesme, une Sainte Rosalve de Vandeik & des païsages de Claude Lorrain.

Le Palais *Sacchetti* à S. Jean des Florentins, une Venus du Titien, une Nostre-Dame du mesme, un enlevement des Sabines de Pietro da Cortone.

Le Palais du Duc *Salviati* à la Lungara, une Diane du Correge, un Ganymede du Titien.

Le Palais *Sannesi* des peintures à fresque de Lanfranc, des statues de bronze & des camayeux antiques.

Le Palais du Marquis *Spada*, des statues, des bas reliefs, des inscriptions, & des peintures.

Le *Vatican* a de tres beaux jardins, où l'on void la grande pomme de pin de bronze qui estoit autrefois sur la *Moles Hadriani*, appellée presentement Chasteau Saint Ange. Des statues admirables, & entre autres celles de Laocoon, d'Antinoüs, & le tronc d'un Hercule, qui estoit tant estimé par Michel Ange les galeries & les Loges de Raphael & de Jules Romain : l'école d'Athenes de Raphael. La Chapelle du Pape, où est peint le dernier Jugement par Michel Ange, des inscriptions, des jets d'eau, & une Bibliotheque de manuscripts celebre par tout le monde.

La Vigne *Borghese* est remplie d'une prodigieuse quantité de statues antiques, & de quelques modernes du Chevalier Bernin, de bustes, d'urnes, de bas reliefs, dont presque tout le Palais est revestu en dehors, d'inscriptions, de tableaux, de belles allées & de jets d'eau, dont on a la description, dans un livre Latin.

La villa *Cesarini* a grand nombre d'inscriptions antiques enchassées dans une muraille.

La Vigne *Iustiniani* à la Porte del Populo, n'a gueres moins de 300 Inscriptions, & autant de statues & de bustes antiques.

La Vigne *Ludovisio* a des marbres, des Inscriptions & des statues antiques, entre lesquelles on compte le Gladiateur pour une des meilleures de Rome. Il y a aussi un lit tout enrichi de lapis, d'agathes & d'autres pierres precieuses estimé cinquante mille écus : mais il est presentement assez negligé.

La Villa *Matthei* est riche en tableaux, statues, bustes, obelisques & inscriptions antiques. Il y a un tres beau tombeau où sont representées les neuf Muses avec leur conducteur Hercule surnommé *Musagetes*. Le Palais Matthei dans la ville est aussi tout orné de bas reliefs antiques.

La Vigne *Pamphile* bâtie par Innocent X. est une des plus belles de Rome, pour ses allées, jets d'eau, beaux meubles, statues & inscriptions antiques.

La Vigne *Perretti* ou *Montalto* renferme milles choses dignes de remarque. Les statues de Quincius Cincinnatus, celle de Germanicus, & celle d'un Gladiateur en pierre de touche : quantité de beaux tableaux, comme entr'autres une Vierge de Guido Reni. Vn S. Jean de Pomaranci. La Bibliotheque dont le plat-fonds est peint à fresque par Baltasar à Croce. Vne Assomption de la Magdelaine par Lanfranc. Vn Christ mort de Raphael. Les bustes de Neron, de Pyrrhus, de Pescennius Niger. Vn S. François d'Annibal Carrache. Vn Christ mort du Passignan : & dans le petit Palais les bustes d'Antonin Pie, de Caracalla & de Geta. Les statues de Scipion, de Marius & d'Adonis, Bacchus & Ariane de Guido Reni, & grand nombre d'inscriptions antiques dans les jardins, entre lesquelles en est une grande qui parle des sacrifices du College des freres Arvales.

La Vigne ou jardin de l'Abbé *Benedetto* bâtie & meublée d'une maniere galante. Sur l'entrée est écrit BENEDICTVS DOMINVS. Ce qui fait deux sens *Benit soit le Seigneur*, & le *Maistre de cette maison est Benedetto*.

III.

Eglises de Rome, & ce qu'il y a dans chacune de plus curieux pour l'architecture, la sculpture & la peinture.

SAint Pierre de Vatican qui est la plus belle Eglise du monde, a sur la porte du milieu une celebre Mosaïque fait par Giotto Florentin. La Chaire de S. Pierre & le grand Autel sont du dessein du Chevalier Bernin. Sous le Dome il y a de belles Mosaïques. A un des Autels est un Simon le Magicien de Vannius. A l'Autel de S. Erasme un tableau du Poussin. A la Chapelle du S. Sacrement un de Pietro da Cortone. Dans une autre Chapelle la fameuse sculpture de la pieté par Michel Ange, & dans d'autres Chapelles d'autres tableaux tous de bons Maistres. Le dessein de toute l'Eglise est de Michel Ange.

San Pietro Montorio, la Transfiguration de Nostre Seigneur, qui est un des plus beaux tableaux de

Raphael. La Conversion de S. Paul du Vasari.

S. François à Ripa, un Christ mort d'Annibal Carrache.

Sainte Cecile in Trastevere, une Vierge du Carrache, & une de Guido Reni, une Decolation de Sainte Cecile de Paul Bril.

Saint Paul hors de la ville, a quantité d'inscriptions antiques Payennes & Chrestiennes parmy les marbres du pavé. Dans la Sacristie une Cene de Lanfranc.

Saint Paul aux trois fontaines, le crucifiement de S. Pierre de Guido Reni.

Saint Sebastien, plusieurs Saints de la main d'Antoine Carrache.

Oratoire de S. Jean decollé, une Visitation Nostre-Dame de Salviati.

S. Laurent in Damaso, le tableau du grand Autel de Zuccaro.

Sainte Marie la Neuve, une Vierge de Rubens & quelques autres tableaux du mesme. Les peintures de la voute sont de Pietro da Cortone.

S. André della valle, façade du

Cavalier Rainaldi, les quatre Evangelistes du Dominicain.

S. Louys des François, Assomption Nostre Dame du Bassan, Saint Matthieu de Michel Ange Caravaggio.

Saint Jaques des Espagnols a à la voute des peintures de Perino del Vaga, statue de S. Iaques du Sansovin.

S. Leon de la Sapience fut commencé par Michel Ange, & poursuivy par d'autres architectes. Le Cavalier Borromino la achevé de sa maniere qui est toute particuliere & bizarre.

Santa Maria sopra Minerva, un Christ de marbre de Michel Ange & quantité de tableaux de bons maistres, comme un S. Dominique du Cavalier Arpino. Vne Cene du Barocci. Vn de tous les Saints de Pomaranci. Cinq Saints canonisez par Clement X. de Carlo Maratta. Vn Christ de marbre de Michel Ange.

L'Eglise du Jesu, le tombeau du Cardinal Bellarmin ouvrage de

Pierre Bernin, S. Ignace de Vandeik. Les Martyrs du Japon du Cavalier Arpino. S. François Xavier du Carrache.

S. Marc, Resurrection de Nostre Seigneur du Palma, S. Marc de Pietro Perugin, Assomption Nostre Dame du Mola.

Ara Cœli, Vierge du Raphael, autre Vierge qu'on estime estre de la main de S. Luc.

S. Luc in Santa Martina Architecture de Pietro da Cortone, un S. Luc de Raphael.

S. Laurent in Miranda autrefois Temple de Faustine, un S. Laurent de Pietro da Cortone, une Nostre-Dame du Dominicain.

S. Iean de Latran, Dieu le Pere du Pomaranci, tombeau de la Duchesse de Paliano, Annonciation de Michel Ange, S. Augustin du Bourguignon.

Sainte Croix en Ierusalem un Crucifix de Rubens, un S. Bernard de Carlo Maratti. Vn S. Robert du Cavalier Vannius.

S. Laurent hors des murs deux

sepulchres antiques & deux tombeaux modernes de l'architecture de P. da Cortone, buste de marbre de Gulielmi,

Sainte Bibiane, façade du Cavalier Bernin, statue de la Sainte du même, qui est un de ses meilleurs ouvrages.

Saint Pierre in Vincoli architecture de Baccio Pintelli où est le beau tombeau de Michel Ange de son propre dessein. Le Moyse de marbre ouvrage admirable du même. Sainte Marguerite tableau du Guerchin. S. Augustin du même.

Saint Martin des Monts, paysages de Gaspar Poussin & de François Bolognois.

Sainte Praxede, un Christ attaché à une Colonne, de Iules Romain. La voute peinte par Guillaume Bourguignon, avec quelques ouvrages de Ciro Ferri Disciple de Pietro da Cortone.

Saint Antoine Abbé, la voute & le tableau de l'Autel, peints par Nicolas Pomarancio. La vie de S. Antoine à fresque de Iean Baptiste della Marca.

Sainte Marie Major façade de Mosaïque ouvrage de Philippe Rossuti & de Gaddo Gaddi. La Sacristie d'une belle architecture. Resurrection du Lazare de Girolamo Mutiano. Vne musique d'Anges du Passignan. Le tombeau de l'Ambassadeur de Congo du Cavalier Bernin. La Chapelle du Chœur peinte par Passignan. La Chapelle de Sixte V. d'ordre Corinthien du Cavalier Dominique Fontana, pleine de peintures de differens maistres. Le tombeau de Clement IX. ouvrage du Cavalier Rainaldi, la statue dudit Pape de Dominique Guide. L'Histoire de la Sainte Vierge d'une Mosaïque ancienne de 400 ans faite par Iaques Turrita. S. François du Vannius. La Chapelle de Paul V. d'ordre Corinthien peinte à fresque du Croce, des Anges de Stuc de Malvicino, le tombeau de Clement VIII. le couronnement de ce Pape en marbre de Pierre Bernin; l'Autel avec des Colonnes canelées de Iaspe Oriental, architecture de Pompeo Targoni, une Vierge peinte par

d'Italie.

S. Luc. La Chapelle des Sforzes deſſein de Michel Ange.

Sainte Agathe, l'hiſtoire de la Sainte en grands tableaux, de Paul Perugin Diſciple de Pietro da Cortone.

Saint Dominique, la premiere Chapelle eſt du Cavalier Bernin. Dans une autre Chapelle eſt un S. Dominique du Mola, & dans une autre un Chriſt à la Croix du Cavalier Lanfranc. Un S. Dominique & une Sainte Catherine du Romanelli.

Sainte Marie de Lorette, Moſaïque repreſentant l'hiſtoire des Mages deſſinée & conduite par Federic Zuccaro. Vne ſtatue de S. Agnes du Flamand.

Saint Sylveſtre à Monte Cavallo, un S. Pierre & un S. Paul commencez par Frere Barthelemy de Savignan & achevez par Raphael. La voute du grand Autel peinte par Iean Albert dal Borgo.

Sainte Agnez hors de la Porte Pie qui eſt de l'architecture de Michel Ange eſt une belle Egliſe antique, où se voit un tombeau de Porphyre ancien, qu'on appelle vulgairement tombeau de Bacchus à cause de la sculpture qui est autour.

Santa Maria della Victoria, une Chapelle de Sainte Therese du Cavalier Bernin avec une statue de la Sainte. Vn Christ crucifié de Guido Reni, une fontaine proche l'Eglise du Cavalier Fontana.

Saint Charles aux quatre fontaines architecture bizarre du Cavalier Borromini, un tableau de l'Autel de Dominique Perugin. S. Charles & autres Saints de Mignard peintre François, une Vierge du Romanelli, un S. Charles d'Horace Borgiani, dans la Bibliotheque de l'Eglise.

S. André des Jesuïtes architecture du Chevalier Bernin. Vn tableau au grand Autel, de Guillaume Bourguignon, representant le martyre de S. André.

Sainte Croix des Luquois, une descente du Saint Esprit de la main d'un bon maistre, une Presentation de la Vierge de Pietro Testa.

Santi Apostoli un Autel de S. Antoine du Cau. Rainaldi, une statue de S. Claude de Dominique Guide. Un S. François recevant les stigmates du Zuccaro.

Saint Romuald, une fuite de la Vierge en Egypte d'Alexandre Turchi de Verone. Les Saints du Monastere au grand Autel d'André Sacchi.

Santa Maria in via lata façade de Pietro da Cortone, un lambris peint par Hyacinthe Brandi.

Oratoire du Crucifix de S. Marcel, architecture du fameux Giacomo Barozzi, des peintures de Pomaraci.

Saint Vincent & Sainte Anastase refaite par le Cardinal Mazarin, de l'architecture de Martin Lunghi. Vne annonciation de François Rosa.

Saint Nicolas de Tolentin Architecture de Iean Baptiste Baratta, les peintures de la troisiéme Chapelle sont de Baldine Eleſve de P. da Cortone. Les statues du grand Autel du dessein d'Algardi. La Chapelle de Monseigneur Gavotti architecture de P. da Cortone, qui en a peint une partie.

S. Antoine de Padouë, un Saint Antoine d'Andrea Sacchi, un Saint François de Mutiano, un S. Michel de Guido Reni, une Conception de Lanfranc, un S. François en extase du Dominicain, un Evêque avec N. D. du Sacchi, une Nativité de Nostre Seigneur du Cavalier Lanfranc. Vn S. Paul & d'autres figures de Pietro da Cortone.

S. Isidore, un S. Joseph de Carlo Maratti, une Vierge de Baldini, un S. Isidore au grand Autel d'Andrea Sacchi.

L'Eglise de *propaganda fide* Architecture du Cav. Borromino, aussi bien que le College voisin. Les Apostres avec leurs filets du Vasari, une Adoration des Mages du Geminiani.

Sainte Marie Magdelaine al Corso, un tableau de la Sainte au grand Autel du Cavalier Guerchin, un martyre de Sainte Lucie à fresque sous la voute, du Cav. Moranzono.

Sainte Marie in Equirio ditte de gli orfanelli, architecture de François Volterra. Hors de la petite porte de l'Eglise sur une maison sont des peintures de clair obscur de Maturin & Polydore de Caravagge.

Sainte Marie della Rotonda, où sont enterrez Perino del Vaga, Iean d'Vdine, Zuccaro & Raphael. Le buste de Raphael est de Paolo Naldini, les statues & bas reliefs merveilleux d'Andrea Contucci.

S. Laurent in Lucina, le Crucifix du grand Autel de Guido Reni.

S. Ambroise & Saint Charles nel corso, des peintures de Perino del Vaga & de Taddeo Zuccaro. Vn S. Charles Borromée dessiné par P. da Cortone. Vn S. Philippe Neri de François Rosa, un S. Henry & autres Saints du mesme.

La Trinité du Mont, un Baptême de Nostre Seigneur. Decollation de Saint Jean de Baptista Naldino, un S. François de Sales de Fabricio Chiari : une Assomption, des deux Freres Zuccaro. Vne Apparition de Christ à la Magdelaine de Iules Romain, une Resurrection de Lazare de Perino del vaga.

Santa Maria, un S. Augustin. Vne

Chapelle de Sainte Helene deſſein de Daniel de Volterre. Vn tableau à l'Autel de S. Auguſtin du Guerchin de toute beauté : une Sainte Apollonie de Mutiano. Vne ſtatue de la Vierge du Sanſovin. Vn Chriſt mort avec les Maries de Polydore Caravaggio. Vn Prophete ouvrage admirable de Raphael, une ſtatue de Sainte Anne du Sanſovin.

S. Salvator in Lauro, le Bienheureux Laurent Juſtiniani de l'Albano, une peinture à freſque de la façade d'un Oratoire du Salviati. Les Nopces de Cana du meſme. Portrait d'Eugene III. du meſme.

Santa Maria dell' Anima, le tombeau d'Adrian VI. Ouvrage de Baltaſar Peruzzi, un Chriſt mort du Salviati, le martyre d'un Evêque de Carlo Venetiano, deux tombeaux de Van-der d'Anvers & d'Adrien d'Alcmaer, du fameux François Fiamingo, une Aſſomption Noſtre-Dame du Romanelli.

Santa Maria della Pace deſſein de Pietro da Cortone. Les peintures ſur la premiere Chapelle de la cor-

d'Italie.

niche de l'Eglise en haut sont de Raphael. Les Sybilles de Timothée de la Vigne grand peintre d'Urbin. Statues de la Paix & de la Justice d'Estienne Maderno, une Nativité de la Vierge de Vannius, un Saint Ubalde de Lazaro Baldi Eleve de Pietro da Cortone. Le cloistre architecture de Bramante.

S. Iean des Florentins, un Saint Dominique du Passignan, un Saint Philippe Neri de Carlo Maratti, une pieté de Ierôme Sermonette, deux martyrs condamnez au feu de Salvator Rosa, un S. Sebastien du Vannius.

Sainte Anne in Borgo architecture de Iacinthe Barrozzi, un S. Michel Archange de Giovanni de Vecchi.

IV.

Sçavans presentement vivans à Rome, & les principaux Ouvrages de ceux qui ont mis quelque chose au jour.

LE R. P. Honoré *Fabri* Iesuite François du pays de Bresse,

grand Theologien, grand Philosophe & grand Mathematicien, a donné au jour plusieurs Ouvrages, qui sont citez dans la nouvelle Edition de la Bibliotheque des écrivains de la Societé, & on en attend encore d'autres de luy. Il est Doyen des Penitenciers de S. Pierre.

Le R. P. *Possin* Iesuïte de Narbonne a mis en lumiere plusieurs Autheurs Grecs avec la version qu'il en a faite.

Le R. P. Athanase *Kirker* Iesuite Allemand de Fuld âgé de 80. ans, a fait imprimer une trentaine de volumes de sa façon, qui sont citez dans la Bibliotheque des écrivains de la societé.

Le R. P. Iean Paul *Oliva* Genois General des Iesuïtes, Predicateur celebre des Papes Innocent X. Alexandre VII. Clement IX. & Clement X. a donné au jour plusieurs volumes de ses Sermons & ses Commentaires sur la Sainte Ecriture.

Le R. P. Daniel *Bartoli* Iesuite de Ferrare a écrit plusieurs Livres, & en dernier lieu la vie du Cardinal Bellarmin,

Bellarmin, & un livre du son & de l'oüie.

Le R. P. Sylveſtre *Mauro* Ieſuite Italien de Spolette grand Philoſophe, a donné beaucoup d'éclairciſſement aux Ouvrages d'Ariſtote, par les ſiens qu'il a mis ſous la preſſe.

Le R. P. Ioſeph Marie *Requeſens* de Palerme Ieſuite grand Scholaſtique & Caſuiſte, a écrit pluſieurs livres ſur cette matiere.

Le R. P. François *Harold* Irlandois de l'Ordre de S. François, a fait l'abbregé des Annales de l'Ordre de S. François, la vie du Bien-heureux Turibio Alfonſe Magroveyo Archevêque de Lima, & doit bien-toſt donner celle du Bienheureux Albert de Sarchiano.

Le R. P. François *Porter* Irlandois du meſme Ordre a écrit pluſieurs Livres contre les Proteſtans, & s'employe fortement à déraciner le Ianſeniſme de l'Italie.

Le R. P. Bonaventure *Baronius* Irlandois, ſe trouve auſſi preſentement à Rome avec les deux eydeſſus. Il a fait quantité d'ouvrages citez dans l'Italia regnante, & en dernier lieu un livre in folio, *de Angelis*.

Le R. P. Raymond *Capiſucchi* Dominicain Maiſtre du Sacré Palais, d'une illuſtre famille, a donné quelques Ouvrages au jour.

Le R. P. Louys *Marracci* Luquois Confeſſeur du Pape d'apreſent Innocent XI. de la Congregation de la Mere de Dieu a fait imprimer la vie de leur Fondateur Jean Leonardi, & outre cela ce Pere eſt tres verſé aux Langues Orientales, & a traduit l'Alcoran qu'il veut donner au jour, avec une refutation & des notes.

Le R. P. Laurent *Brancati* de Laurea Mineur Conventuel, premier Gardien de la Bibliotheque du Vatican, a mis en lumiere pluſieurs Tomes de Theologie Scholaſtique ſelon les principes de Scot, & un abbregé des canons de tous les Conciles.

Le R. P. *Marquis* Preſtre de l'Oratoire, a donné quelques uns de ſes Ouvrages à la preſſe.

Le R. P. Dom Joseph *Cacherano* de Turin Barnabite a écrit un Tome in folio *de Deo*, un autre *de Angelis, de beatitudine & gratia*, & en fait imprimer presentement un troisiéme.

Le R. P. Dom Girolamo *Vitale* de Capouë Teatin, nous a donné un *Lexicon Mathematicum* 8. Paris: & *Tabula primi mobilis* 4. Norimb. Il écrit à present la vie du P. Carlo Tomasi.

Le R. P. Dom Giulio *Bartolocci* de Celleno de l'Ordre de Cisteaux & Abbé de S. Sebastien aux Catacombes, a mis au jour *Bibliotheca magna Rabbinica* Hebr. Lat. dont il y a déja deux volumes.

Monsignor Agostino *Favoriti* Secretaire de plusieurs Papes, écrit merveilleusement bien en Latin, soit en prose soit en vers. Ses poësies Latines sont inserées dans le livre intitulé *septem virorum illustrium poëmata*, où on lit quelques unes de ses Oraisons funebres.

Monsignor *Slusz* Secretaire des Brefs, grand amateur des belles let-

O ij

tres & des livres, a une tres belle Bibliotheque.

Le Cavalier Paolo *Maffei* Anspeçadé du Pape, de l'illustre famille des Maffei originaire de Volterre, est Sçavant en Theologie, en belles lettres & en antiquitez.

Le Cavalier Stefano *Pignatelli* tres Sçavant & tres civil, a donné au jour quelques harangues en Toscan.

I. P. *Bellori* Romain Sçavant en literature & antiquitez, dont nous avons cité le cabinet cy-dessus.

L'Abbé Stephano *Gradi* de Raguse, sous Gardien de la Bibliotheque du Vatican, a donné quelques harangues & quelques Poësies Latines, & une dissertation *de opinione probabili*.

Fausto *Nairone* Maronite, Bibliothecaire de la Sapience & Professeur en Langues Orientales, a entr'autres fait imprimer, *Dissertatio de origine, nomine ac religione Maronitarum* 8. *Rom.* 1677.

François Maria *Phœbeus* Archevêque de Tarse a eu plusieurs emplois sous differens Papes & a donné plusieurs livres au jour.

L'Abbé François *Nazari* sçavant en histoire & belles lettres, est l'Auteur du Iournal des sçavans d'Italie, qui se continue toûjours.

Carlo *Maratta* est un peintre très habile, dont l'on voit des ouvrages dans quelques Eglises citées cy-dessus.

Pietro Sancte *Bartolo* tres excellent graveur à l'eau forte.

L'Abbé *Fabretti* Secretaire du Cardinal Nini, sçavant aux Langues, en belles lettres, en histoire, & en antiquitez.

Le Chevalier *Bernin* Architecte & Sculpteur excellent.

Carlo *Moroni* Bibliothecaire du Cardinal Barberin, a donné quelques Ouvrages au jour.

L'Abbé *Cameli* Bibliothecaire de la Reyne de Suéde, grand antiquaire.

Monsignor *Ciampini*, chez qui s'assemble une Academie instituée depuis peu.

SECONDE
LISTE DES

Autres Sçavans, Curieux, & Ouvriers Excellens d'Italie, extraite pour la plus grande partie de *l'Italia regnante*, du sieur Gregorio Leti.

BOLOGNE.

LE Comte Valerio *Zani* qui est un Gentilhomme fort civil & grand amateur des belles lettres, a donné au jour plusieurs Ouvrages en Italien, un Traité de la Noblesse & plusieurs discours Academiques, citez dans les memoires des Academiciens de Bologne

d'Italie. 319

appellez *i Gelati*, qu'il a fait publier pendant qu'il en estoit Prince.

Le Comte Gaspard *Bombafi* Historien & Poëte, a écrit les histoires memorables de Bologne, celle des Saints de la mesme ville, & plusieurs autres petits ouvrages tant en prose qu'en vers.

Pierre *Mengoli* Professeur en Mechanique & Docteur és Loix & grand Mathematicien, a fait imprimer divers Ouvrages sur l'Arithmetique, Geometrie, Musique, & autres parties des Mathematiques.

Marcel *Malpighi* Docteur & Professeur en Medecine tres sçavant, a mis en lumiere plusieurs traitez anatomiques, & un tres curieux de l'Anatomie des plantes observées avec le Microscope, en deux volumes in folio : & toutes ses œuvres se vont r'imprimer ensemble à Geneve.

Augustin *Pisichiari* Chanoine de S. Petrone, un des Academiciens surnommez *i Gelati*, est sçavant non seulement aux matieres legales, mais encore en l'art Oratoire.

O iiij

Le Comte Charles *Malvasia* aussi Chanoine de la Cathedrale, & de la mesme Academie, dont il a esté Prince, est sçavant en Droit, en Histoire & en belles lettres. Il a donné au jour entr'autres livres, les vies des peintres Bolonois, qui sont deux Tomes, en Italien.

L'Abbé Jaques *Certani* Docteur & Professeur en Theologie, & Predicateur celebre, a mis en lumiere plusieurs petits Ouvrages, comme les vies d'Abraham, de Jacob & de S. Patrice.

Sylvestre *Bonfioli* Anatomiste, Botaniste & Astronome, a fait imprimer quelques dissertations Astrologiques.

Celestin *Guicciardini* Abbé des Celestins, a écrit un livre intitulé *Mercurius Campanus*, où est la description de la Campania Felice.

Jaques *Zanoni* Apothicaire, un des plus habiles botanistes de l'Europe, a mis au jour un livre intitulé *Istoria Botanica* avec plusieurs figures de plantes étrangeres, & il en prepare un second volume. On dit qu'il travaille à un Commentaire sur Dioscoride.

Ierôme *Desiderii* Academicien *Gelato*, a fait imprimer plusieurs petits Ouvrages en prose & en vers, entr'autres, *Il figlivol prodigo, la Susanna, Trattato della musica, &c.*

Fulvio *Magnani* Chanoine de S. Petrone Professeur en Philosophie, a donné au jour un livre in quarto, intitulé *Effator Aristotel.*

Iaques *Malchiavello* de Prosperi Recteur de S. Sigismond, a écrit la vie de S. Sigismond.

François *Carmeni* Academicien *Gelato*, estant leur Secretaire, publia le premier volume des *Novelle amorose.*

Antoine Felix *Marsili* fut aggregé à cause de son merite à l'Academie des *Gelati* à l'âge de 16 ans, & en fut fait Prince à 23 ans.

François *Ferrari* un des plus fameux Academiciens de l'Academie *della notte,* a publié la vie de Saint Nicolas de Bari, l'Ester & la Iudith.

Innocentio Maria *Fioravanti* un des plus fameux Poëtes Liriques

O v

de toute l'Italie, a donné des Poësies Toscanes, & un traité de la Tragedie.

Louys *Torelli* Augustin fort âgé, a mis en lumiere quatre Tomes de i Secoli Agostiniani, les vies des Saints Augustins.

Vincentio Maria *Marescalchi* Gentilhomme sçavant de l'Academie des *Gelati*, a donné plusieurs poëmes en langue Toscane, & quelques vers en latin.

Augustin *Fabri* Mathematicien, a mis sous la presse le livre intitulé *Taccuinus* avec ses observations Astronomiques.

Le Comte Hercule Augustin *Berò* de qui plusieurs Ouvrages manuscripts Italiens sont citez dans les memoires des *Gelati*.

I. B. Sanuti *Pellicani* Docteur en Droit, a publié plusieurs de ses Ouvrages en prose & en poësie Italienne, & des livres Latins, entr'autres, *Responsa civilia & criminalia; de rebus litigiosis, & Ephemerides pro annis 1675. usque ad 1680.*

Octavio *Scarlatini* Archiprestre

de S. Pierre a écrit *il Solitario Felice*, *varia Elogia &c.*

Le Comte Vincentio *Marescotti* Prince de l'Academie des *Gelati*, en 1656. Philosophe, Poëte, & Mathematicien sçavant.

François *Bonomi* de l'Academie des *Gelati* a donné au jour quantité d'ouvrages, lettres, poësies, emblemes, &c.

Le Comte Carlo Antonio *Manzini* Gentilhomme de grande erudition aggregé à plusieurs Academies d'Italie, a mis au jour plusieurs livres, & entr'autres, *Tabula primi mobilis*, *stella Gonzaga*, *Dioptrica pratica*, *discorso delle comete*, *& vita di S. Brunone*.

Lorenzo *Grimaldi* Poëte, Philosophe, Astronome, a donné quelques discours Astrologiques, & a plusieurs pieces prestes à voir le jour.

Le Marquis Marco *Montalbani*, a fait imprimer un ouvrage des mineraux & de leurs qualitez.

Le Comte Ierôme *Boselli* a écrit *la corte Academica divisa in Prin-*

cipi, Cavalieri e Dame 4. Bonon.
1665.

Antonio *Masini* Marchand, mais studieux & laborieux, a fait imprimer *Bologna illustrata*, *la vita di Cristo*, & autres ouvrages de devotion.

Dom Honorat *Montecalvi* Chanoine de Latran, deux fois Abbé de son Ordre, a donné au jour un livre intitulé *Vita trium Barbarorum Philosophorum Abaris Hyperborei, Anacharsis Scytha* &c.

Louys *Magni* à l'âge de dix ans passa Docteur, & fut aggregé au College de Philosophie & de Medecine en 1661. & enseigna publiquement. Sept ans après il fit imprimer un livre de Logique *de arte argumentationis*.

Philippe *Ottani* est un muet, qui a donné au jour un livre de madrigaux intitulé *i Pigmei canori*.

Ioseph *Magnavacca* peintre de sa profession, est un curieux qui s'entend parfaitement bien aux medailles.

Le Marquis Ferdinand *Cospi* sçavant en belles lettres & curieux de medailles & choses naturelles.

Laurent *Legati* de Cremone, Physicien, Poëte & Medecin, a donné quantité d'Ouvrages au jour, citez dans le troisiéme Tome de *l'Italia regnante* de M. Leti.

Geminien *Montanari* Modenois, Professeur en Mathematique à Bologne a plusieurs livres d'Astronomie Dioptrique & Physique à imprimer.

EMPOLI.

Leonard *Girardi* Gentilhomme Florentin Prefect d'Empoli n'a rien imprimé, mais on void une infinité de ses poësies manuscrites en burlesque auquel il excelle.

Laurent *Neri* Medecin, autrefois Professeur en Logique à Padouë, a plusieurs Ouvrages à donner au jour.

FAYENCE.

Pietro Maria *Cavina* grand Astronome, a écrit plusieurs traitez d'Astronomie & l'histoire de la ville de Fayence.

FLORENCE,
& Duché de Toscane.

Antoine *Magliabechi* Bibliothecaire du grand Duc, est un prodige de science & de memoire. Toute sa maison est pleine de livres, & personne du monde ne connoit comme luy les gens de lettres de toute l'Europe, ayant correspondance avec les plus Sçavans. Mille Autheurs ont parlé de son merite & luy ont dedié leurs Ouvrages. Voyez ce qu'en dit Monsieur Gregorio Leti en son *Italia regnante* Tom. III.

Louys *Strozzi* Chanoine de la Cathedrale, & Agent pour le Roy de France à la Cour du grand Duc, a une Bibliotheque pleine de manuscrits & a une maison de campagne pleine d'inscriptions anciennes.

Augustin *Coltellini* Avocat, chez qui s'assemble l'Academie des Apatistes, a écrit une Anatomie en vers Toscans, & plusieurs livres de devotion & traductions en Italien,

Michel *Ermini* Sçavant en Hebreu & en Grec.

François *Redi* d'Arezzo Physicien & Medecin tres habile, a écrit des Observations sur la Vipere, des experiences sur la generation des insectes, & sur plusieurs drogues estrangeres, & particulierement sur celles qu'on apporte des Indes.

Vincent *Viviani* Disciple du fameux Galilei, est un excellent Mathematicien, qui a écrit un livre intitulé, *de maximis & minimis Geometrica divinatio in quintum conicorum Apollonii Pergaei*, & des solutions de problemes Geometriques.

Hyppolite *Tonelli* Curé de la Cathedrale a donné au jour un *Enchiridium de Missae sacrificio*.

François Marie *Naldini* Chevalier de S. Estienne, est fort curieux de l'Astronomie.

Le Capitaine Cosimo *della Rena*, sçavant dans la connoissance des familles Florentines.

Jean *Cinelli* Medecin & Historien a fait r'imprimer le *Bellezze di Fi-*

renza del Bocchi avec des additions qu'il y a faites. Il a aussi donné au jour *la Bibliotheca volante*, qui est un catalogue des petits livres au dessous de six feüilles.

Nicolas *Stenoni* de Dannemarc grand Anastomiste, a donné aux curieux un Traité *de glandulis, myologiæ specimen, de solido intra solidum*, &c. a plusieurs autres Ouvrages prests à voir le jour.

Estienne *Lorenzini* Physicien a écrit des Observations sur la Torpille.

Iean Baptiste *Verle* excellent tourneur au service de Son Altesse Serenissime, fait des yeux artificiels avec la couleur & la transparence des tuniques pour les curieux d'anatomie, & en a fait imprimer un livret intitulé *della anatomia artificiale del occhio umano*, qu'on a aussi traduit en Latin à Amsterdam & à Lyon.

GENES.

Le R. P. Thomas *Mazza* Dominicain Inquisiteur General, a écrit une Apologie pour Anne de Viterbe, & une grande Histoire des Gots en Italien.

Jean Nicolas *Cavana* Gentilhomme Genois de grande erudition, a donné au jour les vies des peintres Genois œuvre postume de Raphael Soprani Noble Genois, & *la Bibliotheca Aprosiana*.

Le Marquis Anfrano Matthia *Fransone* grand amateur des belles lettres, a une tres belle Bibliotheque.

Le Chanoine *Ferro* à Sainte Marie in Carignano, a un cabinet de curiositez & de medailles antiques.

Sebastien *Bado* Medecin sçavant, a écrit plusieurs traitez de la saignée & du Quinquina.

Le Pere Antoine François *Massola* Iesuïte & son frere Iaques Philippe Massola Abbé, sont deux personnes sçavantes, le premier en Philosophie, & le dernier en droit civil & canon.

Simon *Molinari* a fait imprimer un traité Latin de la vertu & de l'usage du Thé 12. Genuæ 1672.

Le R. P. Angelico *Aprosio* de

Vintimiglia Augustin, que le sçavant critique Scioppius appelloit grand devorateur de livres, en a donné plusieurs au jour & entre autres des Sermons, une dissertation Italienne de la patrie de Persius, *& lo scudo di Rinaldo.*

Iean *Lavagna* Marchand, a un cabinet de medailles antiques.

LUQUES.

Dom Domenico *Minutoli* Patrice de Luques & Abbé de la Congregation du Mont Olivet, Predicateur celebre, a mis au jour un livre de devotion intitulé *Affetti di preparatione per li Sacerdoti,* & un Commentaire sur la Bulle *in Cœna Domini.* Voyez l'Italia regnante du sieur Greg. Leti.

Dom Andrea *Pissini* Moine Olivetan, a donné au jour un livre, qui porte ce titre *la Filosophia de gli Atomi contro la Peripatetica.*

Louys *Mansi* grand Iurisconsulte, a mis sous la presse trois Tomes, *Consultationum sive rerum Iudicatarum.*

d'Italie.

Barthelemy *Beverini* de la Congregation de la Mere de Dieu, Poëte Toscan & Latin, a fait imprimer quelques unes de ses poësies, entre autres une traduction de l'Eneide de Virgile qui est fort estimée.

Ludovico *Sesti* Dominicain Predicateur celebre, a fait imprimer ses Panegyriques.

Dominique *Bartoli*, a donné en lumiere quelques unes de ses poësies.

MILAN.

Pierre Paul Caravaggio Gentilhomme Milanois, est sçavant dans les Mathematiques.

Le R. P. Iean Baptiste Pastorini Iesuite Predicateur & Orateur éloquent, a fait l'Oraison funebre du Chanoine Manfredo Septala, dont les Voyageurs doivent voir le beau cabinet qu'il a laissé à son neveu.

Monsieur Mezzabarbe de Biragues Gentilhomme curieux de medailles, antiquitez & belles lettres, veut faire imprimer *Occonis numismata* augmenté de la moitié & des *Fastes Consulaires* sous les Empereurs.

NAPLES.

Dom Antonio *Muscettola* Prince de Spezzano, curieux de belles lettres & de poësie, a donné au jour un livre *d'Epistole familiari*.

Lorenzo *Crasso* Baron di Pianura a écrit *l'Istoria di Poëti Graci*.

Dom Pedro *Valero* Regent & Collateral de Naples sçavant en Histoire, & belles lettres.

Andreas *Andreini* Gentilhomme curieux de graveures antiques, dont il a un beau recueil.

Pichetti a un cabinet fort ample de medailles antiques.

PADOUE.

Le Cardinal *Barbarigo* Evêque de Padouë amateur des belles lettres & de ceux qui les professent.

Le Comte Alexandre de *Lazara* sçavant en Histoire, antiquitez, & belles lettres, a un tres-beau cabinet de medailles antiques.

Le Pere François *Macedo* Mineur Observantin & Portugais de nation, est un homme d'un sçavoir prodigieux & qui a écrit une infinité de livres, entr'autres *Medulla hist. Ecclesiast. Collationes doctrinæ S. Thomæ & Scoti* in folio, *Myrothecium morale, Encyclopædia*, un Eloge de de la Republique de Venise avec les portraits de tous les Doges, & enfin les livres luy coûtent si peu à faire, qu'outre plus de 50 qu'il a donnés au jour, il en a composé un pendant qu'il estoit en prison à Venise, *de Incarnatione* in folio. Tous ses livres & tous ses traitez contre le P. Noris, & sur des autres sujets sont citez dans l'Italia regnante de Monsieur Leti, à qui tous les Sçavans doivent beaucoup pour ses curieuses recherches.

Octavio *Ferrari* Milanois Professeur des belles lettres, a mis au jour les livres suivans *de Re vestiaria, Prolusiones, Minerva Clypeus, Electorum libri duo, & Origines linguæ Italicæ.*

Stefano *Angeli* Prestre Venitien Sçavant dans les Mathematiques, a donné en lumiere *Problemata Geometrica* 60. 4. 1658. *De infinitis parabolis*, *Miscellaneum hyperbolicum*, *de infinitorum spiralium spatiorum mensura*, *miscellaneum Geometricum*, *de superficie ungulæ*, *della gravita dell' Aria* & autres Ouvrages.

Charles *Rinaldini* d'Ancone premier Professeur en Philosophie, a donné au jour des Ouvrages de Mathematique, Geometrie & Physique.

Charles *Offredy* Medecin Genevois de la Noble famille des Offredy originaire de Cremone, est sçavant en Medecine & belles lettres.

Le Comte Iaques *Zabarella*, a écrit *Auraica sive Vilhermi III. Principis Auraici co: sanguinitas: Polonica : gli Arronzii: Merovea: Tito Livio : Aula Zabarella: Aula Heroum*, & plusieurs autres livres historiques & genealogiques.

Antoine *Molinet* Venitien Premier Professeur de Medecine & Anatomie, a donné *Dissertationes anatomicæ & pathologicæ de sensibus Patav.* 1669.

Le Comte Carlo *de Dottori* noble

Padoüan celebre Poëte Italien, a fait imprimer des Odes en Italien, *l'Asino* poëma heroïcomico, *Aristodemo* tragedia, *lettere famigliari* & *l'Alfenore*.

Charles *Patin* Parisien Professeur en Medecine, est Auteur de quantité d'Ouvrages qui l'ont fait connoître de tous les curieux, *Traité des Tourbes, Introduction aux medailles, Relations d'Allemagne, Ursinus de familiis Romanis* augmenté, *Thesaurus numismatum, numismata ex ære medio, Suetone* avec des medailles, *Erasmi moria* augmenté de notes, *de nummo Platonis, Orationes de Avicenna*, & *de optima secta Medicorum*.

I. B. *Vero* Chanoine de l'Eglise Cathedrale, a mis en lumiere l'histoire de Venise abregée en latin.

Ascanio Voratori Jurisconsulte & Poëte celebre, de qui l'on void plusieurs poëmes Toscans.

Dominique *Marchetti* Lecteur en Chirurgie & bon Anatomiste.

Petro *Castelli* Professeur en droit, a quelques ouvrages prests à mettre sous la presse.

PARME.

Ran. *Farnese* Duc de Parme a une Bibliotheque & un cabinet de medailles antiques.

I. P. *Cesarotti* premier Professeur en droit.

L'Abbé Cornelio *Magni* grand Voyageur, a donné en Italien ses voyages en Levant.

PEROUSE.

Le P. *Oldovin* a fait imprimer un Catalogue des Auteurs Génois.

PISE.

Laurent *Bellini*, Professeur anatomique tres habile, a donné au jour un traité *de structura & usu renum*: & un autre *de gustus organo*.

André *Moniglia* Professeur en Medecine a composé quelques Ouvrages Dramatiques en Italien, une lettre *de viribus arcani aurei antipodagrici* 4. 1666. Florent. & quelques disputes contre un autre Medecin nommé *Innocentio Valentini*.

Pietro

Pietro *Nati* Professeur botanique, de qui on a *Observatio Phytologica de malo limonia citrata aurantia*. 4. Florent. 1674.

Barthelemy *Chesi* Lecteur en Droit Civil, sçavant dans les matieres Legales, a mis sous la presse *Interpretationes Iuris, folio, Liburni* 1657. & *de differentiis Iuris* 4. Florent. 1662.

Jean *Maffei* Chanoine de l'Eglise Cathedrale & Professeur en Philosophie a fait imprimer un livre intitulé *Responsiones ad Aristotelem* 4. Lucæ 1675.

Jean *Pagni* Professeur en Medecine, travaille à quelque histoire de Pise.

Pierre Adrien *Van der Broëcke* Flamand de Dendremonde, Maître de l'Ecole publique de Pise & bon Poëte Latin, a mis au jour ses Poëmes Latins.

Alexandre *Marchetti* Lecteur en Philosophie, a donné au jour *Exercitationes Mechanicæ* 4. Pisis 1669. *de resistentia solidorum* 4. Flor. 1669. *Fundamenta universæ scientiæ de motu* 12. *Pisis* 1674. & a traduit Lucrece en Italien.

Le P. Henry de *Noris* Augustin de Verone & Professeur en histoire Ecclesiastique à Pise, a écrit *Historia Pelagiana. f. Patavij.* 1673. L'histoire des Donatistes, *Duplex dissertatio de duobus nummis Diocletiani* 4. *Flor.* 1675. & plusieurs livres contre le P. Macedo Observantin, sur les matieres de la Doctrine de S. Augustin de la Grace.

RAVENNE.

Jules *Zavona* Prieur de S. Jean & S. Paul, a un cabinet de medailles.

RECANATI.

Antonio *Angelita* Docteur en droit, est curieux de medailles antiques.

TURIN.

Les tableaux, les statues, les manuscrits & les medailles antiques de S. A. Royale,

d'Italie.

Monsieur de *Farsa* premier Medecin de leurs Altesses Royales.

Monsieur *Girardin*, sçavant en histoire & belles lettres.

L'Abbé de *S. Real*, aggregé aux Academiciens de Turin, a écrit *Dom Carlos*, *l'entreprise des Espagnols sur Venise*, *& la vie de Iesus-Christ*.

Monsieur *Thouvenot* Parisien, premier Chirurgien de S. A. R. pratique la paracentese aux hydropiques avec une aiguille qu'il a inventée, & le fait avec succez.

VENISE.

Le Cavalier Jean *Sacredo*, a écrit *memorie istoriche de Monarchi Ottomani* 4. Ven. 1673. & l'Arcadia in Brenta 12. 1674.

Le Procurateur Jules *Iustiniani*, sçavant en histoire & belles lettres, a un cabinet de medailles antiques.

L'Abbé *Grimaldi*, est celuy qui compose la plus part des Opera de Venise, qui sont estimez par tout.

Elena Cornara *Piscopia*, fille du

Procurateur Cornaro, sçavante en plusieurs Langues, en Philosophie & en belles lettres, obtint il y a deux ans le Doctorat en Philosophie à Padouë.

François *Verdizotti*, sçavant historien, a écrit un livre intitulé *De fatti Veneti sino all' anno* 1504. fol. *Venet.* 1674.

George *Barbaro*, noble Venitien, sçavant en belles lettres, a un cabinet de medailles antiques.

Domenic *Thiepoli* en a aussi un dans lequel se trouve un Othon de cuivre.

Antoine *Soderini*, curieux de l'histoire & des belles lettres, qui a voyagé par tout le Levant, a un beau cabinet de medailles antiques où sont 4 ou 5 Othons de cuivre & un Pertinax Grec de cuivre.

Le Pere Estienne *Cosmi* Provincial des Chanoines reguliers Somaschi, a donné au jour *Physica universalis* & quelques Oraisons funebres.

François *Travagino*, sçavant en Physique, Medecine & Mathemati-

d'Italie. 341

que, a donné en lumiere un traité curieux intitulé *Francisci Travagini de observationibus à se factis tempore ultimorum terræ motuum Physica disquisitio*, dans lequel il promet un nouveau livre de machines de son invention.

Jean Palazzi Docteur en droit, Professeur en l'Academie de Venise, & Curé de Sainte Marie, a composé grand nombre de livres, entre lesquels les principaux sont *Aquila inter lilia cum fig. Aquila Saxonica, fig. Aquila sancta fig. Aquila Franca, Aquila Sueva, Gesta Pontificum, commentaria in decretales*, tous in folio & plusieurs autres.

Louys *Gradenigo* Abbé Grec Candiot Bibliothecaire de S. Marc, a esté Precepteur de la Signora Elena Piscopia, particulierement pour la langue Greque & pour les belles lettres.

Le Pere Innocent *Pencini*, Dominicain a donné au jour un livre intitulé, *Nova veteris legis Mysticosacra, &c. folio Venetiis* 1670. & un

P iij

autre *Dell' Elettione Canonica* 4. *in Treviggi* 1664.

Le Pere Jaques *Fiorelli* Auguſtin a une belle Bibliotheque, & a compoſé un livre intitulé *Detti & Fatti memorabili del Senato e Patrizi Veneti* 4. *Ven.* 1672. & il travaille à d'autres Ouvrages.

L'Abbé Dominique *Federic* Reſident de l'Empereur à Veniſe, a fait imprimer une réponſe aux pretentions du Roy Tres Chreſtien ſur les Eſtats du Roy Catholique, en Italien fol. 1667. & quelques autres Ouvrages de pieté.

Bernard *Iuſtiniani*, a donné en lumiere *Iſtorie Cronologiche della vera origine di tutti gli ordini Equeſtri* 4. Ven. 1672. & *Iſtoria generale della Monarchia Spagnuola* 4. Ven. 1674.

Juſtinien *Martinioni*, Archipreſtre de S. Salvador, a fait imprimer la deſcription Italienne de Veniſe du Sanſovin avec des additions & un Catalogue des ſçavans, des Peintres & des Sculpteurs de renom qui ſont

d'Italie.

presentement à Venise 4. Ven. 1663. & a encor écrit quelques autres livres.

Jerôme *Brusoni* a donné une infinité de livres au jour & entr'autres *Istoria d'Italia, Istorie universali d'Europa, Istoria dell' ultima guerra da Veneziani e Turchi* 4. 1673. &c.

Paul *Abriani*, a traduit en Italien la Pharsale de Lucain 8. Ven. 1668. & a donné ses Poësies Italiennes 12. Ven. 1663.

Marc *Boschini* Peintre & Graveur celebre, a mis au jour *la Carta del Navegar Pittoresco, dialogo tra un Senator Venetiano dilettante, & un Professor de Pittura.* 4. Ven. 1660. un autre intitulé *le Minere della Pittura, compendiosa informazione delle Pitture di Venezia e del Isole circonvicine.* Et un livre des cartes de Candie, intitulé *il Regno di Candia delineato à parte à parte,* f. Ven. 1651.

Cristofle *Iuanovich*, Gentilhomme de Bude dans l'Epire, a donné au jour plusieurs Poësies & Poëmes dramatiques en Toscan.

P iiij

François Alfonse *Donnoli* Patrice de Montepulciano, exerce la Medecine à Venise, & a fait imprimer *Il Medico Pratico* 12. Ven. 1666. un traité *de iis qui semel in die cibum capiunt*, & des Poësies Liriques Italiennes.

Le Pere Benoist *Perazzi* Dominicain, a fait imprimer un livre de distiques intitulé *Polydori Apollinis flosculi* 12. Ven. 1674.

Pierre *Moretti*, est celuy qui écrit le Journal des Sçavans de Venise, ouvrage curieux & utile.

Le Docteur Jaques *Grandi*, Medecin amateur des belles lettres, & Censeur de l'Academie des Dodonei.

Le Docteur Nicolas *Bon* Candiot, Medecin curieux & sçavant en antiquité & en literature, travaille à quelques ouvrages, qu'il pourra donner au jour.

La famille des *Rosini*, des *Capello* & des *Morosini*, possedent de beaux cabinets de medailles.

VERONE.

Le Marquis Jean *Pindemonti* tres versé dans toutes les sciences, & particulierement dans la Langue Grecque, a donné en lumiere *la Cicala d'Anacreonte* & ses *Discorsi Academici*.

Le Pere François *Caro* Somasco, sçavant dans toutes les belles lettres, & particulierement dans la Philosophie & dans la Poësie, a fait imprimer à Venise un volume de lettres.

Le Cavalier François *Sparavieri* possede aussi les belles lettres, & a écrit son Apologie contre le Pere Macedo.

Isaac *Cardoso*, Medecin Hebreu fort employé, a fait imprimer à Venise un livre in folio intitulé *Philosophia libera*.

Le Comte *Moscardi*, amateur des belles lettres & de l'antiquité, a un beau cabinet de toutes sortes de raretez, qui avoit esté commencé par *Calceolarius* lequel en a donné la description.

346 *Nouveau voyage*

Dominique *Olivieri* a un cabinet de medailles antiques.

Jerôme *Cavelli* en a aussi quelquelque nombre.

VIGEVANO.

Monsignor *Caramuel* Espagnol Evêque de Vigevano, a écrit quantité de livres de Theologie, & en dernier lieu un d'architecture en 3 Tomes in folio Espagnol, sous le titre du Temple de Salomon.

TABLE
DES VILLES

Contenuës dans ce voyage.

ALBANO.	pag. 106
Ancone.	115
Angleria.	277
Aquapendente.	43
Arles.	5
Arone.	277
Avignon.	5
Baccano.	49
Bergame.	261
Bologne.	148. & 318
Bolsena.	44
Bouveret.	281
Bresce.	255
Brig.	280

TABLE.

La Canonica.	263
Canossa.	172
Capranica.	48
Caprarola.	48
Cassis.	8
Castro.	47
La Catholica.	121
Cesena.	128
Chioggia.	195
Cosenza.	101
Creme.	252
Cremone.	ibid.
Dom d'Ossola.	278
Eboli.	101
Empoli.	325
Fano.	117
Fayance.	142. & 325
Ferrare.	185
Fiesoli.	40
Florence.	28. & 326
Fossombrone.	120
Furli.	129
Gayette.	104
Genes.	11. & 328

TABLE.

Imola.	147
Livourne.	24
Lorette.	111
Luna.	17
Luques.	19. & 330
Macerata.	110
Malamocco.	197
Mantouë.	249
Marino.	89
Maſſa.	18
Margutte.	278
Marſeille.	6
S. Martin.	46
Milan.	264. & 331
La Miranda.	170
Modene.	168
Monaco.	10
Montefiaſcone.	45
Monza.	273
Naples.	91. & 332
Oſſaia.	44
Orricoli.	109
Padouë.	235. & 332
Parme.	173. & 336

TABLE.

Pavie.	272
Perouse.	43
Pesaro.	118
Pesquaire.	253
Pise.	25. & 336
Pizzichitone.	253
Plaisance.	176
Podolirone.	151
Pontremole.	172
Radicofani.	43
Ravenne.	130. & 338
Recanati.	111. & 338
Reggio.	171
S. Remo.	10
Rimini.	123
Rome.	56. & 283
Rubicon, riviere.	125
Saint Chamas.	6
Senigallia.	116
Serravalle.	109
Sesti.	276
Sienne.	40
Sion.	280
Tivoli.	306

TABLE.

Tolentin.	110
Turin.	274. & 338
Venise.	199. & 339
Verone.	246. & 345
Vgogna.	279
Via reggia.	119
Vigevano.	346
Viterbe.	45
Vrbin.	120

Extrait du Privilege du Roy.

LOÜIS PAR LA GRACE DE DIEU, ROY DE FRANCE ET DE NAVARRE, à nos amez & feaux Conseillers les gens tenans nos Cours de Parlement, Maistres des Requestes ordinaires de nostre Hôtel, grand Conseil, Baillifs, Seneschaux, Prevosts, leurs Lieutenans, & à tous autres nos Justiciers & Officiers qu'il appartiendra ; SALUT. Nôtre bien amé THOMAS AMAULRY Imprimeur & Libraire à Lyon, Nous a fait remonstrer, qu'il luy a esté mis entre les mains un Manuscrit intitulé : *Le voyage d'Italie, Curieux & Nouveau, enrichy de deux listes, l'une de tous les Curieux & de toutes les principales curiositez de Rome; Et l'autre, de la plufpart des Sçavans, Curieux, & Ouvriers excellens de toute l'Italie à prefent vivans:* lequel Livre il defireroit faire imprimer, s'il nous plaifoit luy en accorder nos lettres de permiffion. A CES CAUSES, defirant favorablement traiter ledit expofant, nous luy avons permis & accordé, permettons & accordons par ces prefentes, d'imprimer ou faire imprimer, vendre & debiter en tous les lieux de noftre Royaume, Pays, Terres & Seigneuries de noftre obeïffance, led. Voyage d'Italie curieux & nouveau, en telle marge & caractere, & autant de fois que bon luy femblera, durant le temps de fix années confecutives, à compter du jour qu'il fera achevé d'imprimer pour la premiere fois : pendant lequel temps nous faisons tres expresses inhibitions & defenses à toutes personnes, de quelque qualité ou condition qu'elles soient, Imprimeurs, Libraires & autres, d'imprimer, faire imprimer, vendre & distribuer ledit Livre, sous pretexte d'augmentation, correction, changement de titre, fausses marques, ou autrement, en quelque sorte & maniere que ce soit, ny méme d'en faire des extraits ou abregez; & à tous Marchands estrangers d'en apporter ny distribuer en ce Royaume d'autres impressions que de celles qui auront esté faites du consentement de l'exposant, à peine de trois mille livres d'amande, payable par chacun des contrevenans, & applicable un tiers à nous, un tiers à l'Hôpital general de nostre bonne ville de Paris, & l'autre tiers à l'exposant, de confiscation des exemplaires contrefaits, & de tous dépens dommages & interests; à condition qu'il sera mis deux exemplaires dudit livre dans nostre Bibliotheque publique, un en celle du cabinet de nos livres, en nostre Château du Louvre, & un en celle de nostre tres cher & feal le sieur le Tellier, Chevalier, Chancelier de France, avant que de l'exposer en vente: à la charge aussi que ledit livre sera imprimé sur de beau & bon papier & de belle impression: Et ce suivant ce qui est porté par le Reglement fait pour la Librairie & Imprimerie au mois de Iuin 1618. enregistré en nostre Cour de Parlement de Paris, le 9. Iuillet 1618. à peine de nullité des presentes, lesquelles seront regiſtrées dans le regiſtre de la Communauté des Imprimeurs & Libraires de nôtre bonne ville de Paris. Si vous mandons & enjoignons, que du contenu en icelles vous faſſiez joüir pleinement & paiſiblemét ledit expoſant, ou ceux qui auront droit de luy, ſans ſouffrir qu'il leur ſoit fait ou donné aucun empeſchement. Voulons auſſi qu'en mettant au commencement ou à la fin dudit livre une copie des preſentes ou extrait d'icelles, elles ſoient tenuës pour bien & deuëment ſignifiées, & que foy y ſoit ajoûtée & aux copies collationnées par l'un de nos amez & feaux Conſeillers & Secretaires, comme à l'original. Commandons au premier nôtre Huiſſier ou Sergent ſur ce requis, de faire pour l'execution d'icelles tous exploits, faisies, & autres actes necessaires, sans demander autre permission ; nonobstant toutes oppositions ou appellations quelconques, Clameur de Haro, Chartre Normande, & autres Lettres à ce contraires. Car tel est nôtre plaisir. Donné à Chaville, le septiéme jour de Novembre l'an de grace mil six cens quatre-vingt, & de nôtre Regne le trente-huitiéme.

Par le Roy en son Conseil.

LE PETIT.

Regiftré sur le Livre de la Communauté des Libraires & Imprimeurs de Paris, le 9. Novembre 1680. Suivant l'Arrest du Parlement du huitiéme Avril 1653. & celuy du Conseil privé du Roy du 27. Fevrier 1665. Signé C. ANGOT, Syndic.

Achevé d'imprimer pour la premiere fois, le 17. Décembre 1680.

www.ingramcontent.com/pod-product-compliance
Lightning Source LLC
Chambersburg PA
CBHW050800170426
43202CB00013B/2497